改訂版

オーナー会社のための

役員給与・役員退職金と保険税務

税理士
山下 雄次 著

週刊「税務通信」「経営財務」発行所
税務研究会出版局

改 訂 に あ た っ て

　本書は、オーナー会社の運営において、不可欠なテーマである「役員給与」、「役員退職金」、「生命保険」を柱として、税理士事務所などでの実務の一助になることを目的として執筆しました。幸いにも実務家の方から支持して頂いたこともあって、本書のテーマの柱である「生命保険」について、令和3年7月に通達改正が行われたことから、通達改正に対応するために改訂版の出版に至りました。

　今回の通達改正は、「名義変更プラン」という特定の節税スキームを利用していた者には多大な影響を与えましたが、その他の実務家にとっての影響は限定的であると考えられています。しかし、節税を意図しないところで通達改正の影響を受けることも想定されますので、通達改正の内容を知らないで済むものではありません。

　実務家は、実際の取引に直面すると「分からない」、「知らなかった」では済まないことが殆どなので、制度が変わったのであれば、知識の更新が求められます。税制改正などは、自分の実務に影響がないと捉えてしまうと制度の理解が困難になります。まずは、概要を理解することに努めて頂いて、その後に自分の実務への影響を検証するように心掛けると良いと思います。本書では、込み入った節税スキームの紹介ではなく、制度の概要の理解を促すような構成になっているので、皆様の知識の整理に役立てて頂けると幸いです。

　令和3年11月

税理士　山下　雄次

は し が き（初版）

　本書は、中小企業の経営者における最重要テーマである「役員給与」と「役員退職給与」を中心とした実務書です。また、役員給与と密接な関係のある「生命保険」をあわせて取り上げることで、オーナーからの相談事への回答に多角的な対応ができるように構成しています。

　「役員給与」の実務は、毎月決められた額の支給をしているのであれば、税務上のリスクはほとんど生じません。しかし、支給額又は支給方法の変更が求められる際には、細心の注意が求められます。一方で、役員給与の支給は社会保険とも密接に関係していることから、定期給与を減額する相談も増えてきています。定期給与の額を減少させることが、事前確定届出給与、役員退職給与、弔慰金等、社会保険料にどのように影響するかを本書で検証しています。

　「役員退職給与」は、経営者の最も関心のあるテーマであり、税務上のミスが許されない論点となります。役員退職給与の論点としては、金額の妥当性、退職の事実、支給方法の合理性などが挙げられます。実務家にとっては、何となくイメージが湧く税務リスクを再確認して、定期給与との関係を整理できるように構成しています。

　「生命保険」は、昨年に通達改正が行われたことで、いわゆる節税商品のようなものが一掃されましたが、実務的には改正の影響がない商品もあります。福利厚生制度又は退職金の財源などの目的で加入することが多いのですが、所得金額を減少させる効果があることから、否認リスクを無視することはできません。裁決事例を用いて、否認されない運用方法等の検証を試みました。

　他にも、著者の実務において、相談を受けた事例のうちで、読者の方々にとって理解の助けとなり得るテーマを掲載し、机上の空論ではなく、実務的なイメージを抱きやすくすることを心掛けました。

本書が、税理士、税理士事務所勤務のスタッフ、企業の経理担当者、その他の実務家の一助になれば幸甚です。

　令和2年11月

税理士　山下　雄次

目　次

Ⅰ　役員給与に係る税務の基本

1. 役員給与制度の概要 2
(1) 法人税法上の役員給与制度 2
(2) 最近の税制改正と実務への影響 2

2. 役員の意義 6
(1) 法人税法における役員の定義 6
(2) 合同会社の社員と法人税法上の役員 12
(3) 法人が業務執行社員になることの是非 13
(4) 業務執行役員である法人に役員給与を支払った場合 14

Ⅱ　定期同額給与

1. 概要 18
(1) 通常改定 18
(2) 臨時改定事由 19
(3) 業績悪化改定事由 21
(4) 定期同額給与のまとめ 22

2. 定期同額給与の事例検討 23
Q1 定期同額給与の期中増額改定 23
Q2 定期同額給与の期中減額改定 24
Q3 定期同額給与の改定時期（一事業年度に2回の改定） 25
Q4 手取額を同一にする定期同額給与 27
Q5 外貨で支払う役員給与に係る定期同額給与 29
Q6 定時株主総会の翌々月からの改定 31
Q7 新設法人の期中支給開始 34

Q8 業績悪化改定事由による期中減額改定（悪化の程度）………36

Q9 企業型確定拠出年金制度（企業型DC）の導入に伴う定期給与の改定……39

Q10 定期同額給与となる経済的な利益の期中改定………43

Q11 税務調査において定期同額給与となる経済的な利益の計上漏れを認定された場合………45

Q12 給与課税される年払保険料と定期同額給与………47

Q13 定期同額給与となる年払保険料と短期前払費用………50

Ⅲ 事前確定届出給与

1. 概要………54

（1） 届出が不要となる給与………54

（2） 株式を交付する場合………55

（3） 新株予約権を交付する場合………55

2. 事前確定届出給与に関する届出期限………56

（1） 原則………56

（2） 臨時改定事由が生じたことにより、新たに事前確定届出給与に関する定めをした場合………56

（3） 事前確定届出給与に関する定めを変更する場合………57

（4） やむを得ない事情がある場合………57

3. 事前確定届出給与の事例検討………59

Q14 「事前確定届出給与に関する届出書」を提出している法人が特定の役員に当該届出書の記載額と異なる支給をした場合………59

Q15 定めどおりに支給されたかどうかの判定（2事業年度にわたる複数回の支給）………60

Q16 事前確定届出給与と決算賞与………62

Q17 事前確定届出給与を支給しなかった場合①（支給日前に支給の中止）…63

Q18 事前確定届出給与を支給しなかった場合②（支給日後に支給の中止）…65

Q19 事前確定届出給与を利用した社会保険料の負担軽減策………70

Q 20	事前確定届出給与の額を増やして定期同額給与の額を少なくした場合	73
Q 21	退職した役員への事前確定届出給与の支給	74
Q 22	退職した役員への事前確定届出給与の減額支給	76

Ⅳ 役員退職給与

1. 損金算入要件 80

2. 損金算入時期 82

3. 損金算入時期の事例検討 84

Q 23	役員退職給与と議事録の信憑性	84
Q 24	役員退職給与を分割支給した場合の損金算入時期	87
Q 25	役員退職給与の追加支給(一度の退職で2度の退職給与)	90
Q 26	役員退職給与の遡及支給(過去の退職で数年後の支給)	92
Q 27	役員退職金と退職年金の関係	93

4. 役員退職給与の適正額 97

（1）（平均）功績倍率法 100

（2）1年当たり平均額法 101

5. 適正額の事例検討 103

Q 28	平均功績倍率法による役員退職給与の合理性	103
Q 29	退任時に無報酬である場合の役員退職給与の適正額	105
Q 30	功績倍率法が適用される最終報酬月額	107
Q 31	事前確定届出給与の額を増やして定期同額給与の額を少なくした場合の功績倍率法	109
Q 32	税務調査で否認されない功績倍率	114
Q 33	功績倍率3倍の適正性	115

Ⅴ 特殊な役員退職金

1. 役員の分掌変更等の場合の退職給与 120

viii

⑴　適用上の留意点··121

Q 34　分掌変更通達とみなし役員·······································124

Q 35　報酬激減の事実と実質判定の優先順位·······················126

2. 役員退職給与の現物支給··129

⑴　現物支給と代物弁済··129

⑵　現物給与の取扱い··129

Q 36　役員退職給与の現物支給に係る手続き·······················131

Q 37　役員退職給与の現物支給に係る会計処理·····················133

3. 死亡役員退職給与···135

⑴　法人税法上の取扱い··135

⑵　所得税法及び地方税法上の取扱い································135

⑶　相続税法上の取扱い··136

Q 38　福利厚生費として損金算入される弔慰金等の範囲···········136

Q 39　定期給与を減額した場合の弔慰金等の計算···················140

Q 40　事前確定届出給与の額を増やして定期同額給与の額を少なくした場合の弔慰金等··142

Ⅵ　生命保険

1. 通達改正の概要··146

⑴　令和元年改正の趣旨··146

⑵　令和元年改正通達の適用時期····································149

⑶　令和 3 年改正の趣旨··150

⑷　令和 3 年改正通達の適用時期····································151

⑸　令和 3 年改正通達の名義変更スキームへの当てはめ············151

2. 法人税基本通達 9-3-5（定期保険及び第三分野保険に係る保険料）……152

(1) 通達改正の概要………152

(2) 解約返戻金相当額のない短期払の定期保険等（30万円以下特例）……155

  Q 41 解約返戻金相当額のない短期払の定期保険等が節税商品であった理由…155

  Q 42 解約返戻金相当額のない短期払の定期保険等の30万円以下特例………157

3. 法人税基本通達 9-3-5 の 2（定期保険等の保険料に相当多額の前払部分の保険料が含まれる場合の取扱い）……161

(1) 通達改正の概要………161

(2) 具体的な経理処理の確認………164

(3) 最高解約返戻率85%超である場合の資産計上期間………168

(4) 年換算保険料相当額が30万円以下の判定（30万円以下特例）……169

  Q 43 2種類ある少額30万円以下の特例措置………171

  Q 44 「保険期間が3年以上の定期保険等で最高解約返戻率が50%超70%以下のもの」を全損処理した場合の節税効果………173

4. 所得税基本通達 36-37（保険契約等に関する権利の評価）……175

(1) 通達改正の概要………175

(2) 具体的な経理処理の確認………178

  Q 45 法人から個人への保険契約の譲渡（名義変更スキーム）の検証………179

5. 通達改正の影響を受けない養老保険の重要性……182

(1) 商品概要………182

(2) 法人税基本通達 9-3-4 の制度設計………182

(3) 法人税基本通達 9-3-4（3）の福利厚生プラン………183

  Q 46 養老保険の福利厚生プランにおける普遍的加入要件①（職位による基準）………188

  Q 47 養老保険の福利厚生プランにおける普遍的加入要件②（保険会社、通貨の選択）………189

6. 個別事例の検討 191

Q 48 福利厚生費である見舞金と保険会社からの給付金の関係 191

Q 49 被保険者の退職後も解約返戻金額が最高額となるまで保険契約を継続する場合 194

Q 50 退職した従業員を被保険者とする定期保険等の損金算入 196

Q 51 養老保険の福利厚生プランの加入が投資目的として否認されるリスク 201

Q 52 個人事業主が養老保険の福利厚生プランを導入する際の注意点 207

Q 53 死亡保険金と解約返戻金の収益認識時期 209

Q 54 死亡保険金を財源に役員退職金を支給した場合の課税関係 212

I

役員給与に係る税務の基本

1. 役員給与制度の概要

(1) 法人税法上の役員給与制度

　役員給与の支給は、会計上は販売費及び一般管理費に計上されることから、法人税法上も法人税法22条3項2号の定めに基づき、債務が確定していれば損金の額に算入されるべきです。しかし、法人税法34条《役員給与の損金不算入》として「別段の定め」が設けられていることから、退職給与等の一定の給与を除き、①定期同額給与②事前確定届出給与③業績連動給与のいずれにも該当しないものの額は、損金の額に算入することはできません。

【役員給与の課税関係】

分　類				相当額	不相当額
役員給与	退職給与以外の給与	定期同額給与		該当	○	×
		事前確定届出給与				
		業績連動給与		非該当	×	×
		使用人兼務役員の使用人部分	他の使用人の支給時期と異なる時期に支給した賞与		×	×
			上記以外の給与		○	×
	退職給与	業績連動給与	損金要件満たす		○	×
			損金要件満たさない		×	×
		上記以外の給与			○	×
	仮装又は隠蔽経理により支給する給与				×	×

○：損金算入、×：損金不算入

(2) 最近の税制改正と実務への影響

　現行における役員給与の規定は、平成18年度税制改正で会社法の施

行に合わせて定められました。改正前は原則損金算入だったものが、別段の定めにより原則損金不算入として、損金算入できる支給方法を3形態に限定しています。当初は、大きな変革に実務が順応することが容易ではありませんでしたが、改正から10年以上経過し、一般的な制度となっています。

　一方で、平成18年度の制定以後に改正が行われていないかというと、複数年にわたり改正は行われています。我々、実務家にとって普段の業務に直結するテーマは少ないのですが、どのような改正があったかは知っておく必要があります。近年の改正の主な内容は以下のとおりです。

【近年の主な改正事項】

区　分 ＼ 年　度	平成 27年度	平成 28年度	平成 29年度	令和 元年度	令和 2年度
定期同額給与	×	×	○	×	×
事前確定届出給与	×	○	○	×	×
業績連動給与	○	○	○	○	○

○：改正あり、×：改正なし

【改正内容の整理】

年　度	区　分	改正内容
令和2年度 改正	業績連動 給与	独立職務執行者の範囲について、業績連動給与の算定方法についての手続きの終了の日の属する内国法人の会計期間開始の日の10年前（改正前：1年前）の日からその手続きの終了の日までの期間内のいずれかの時において、一定の要件に該当する者が独立業務執行者に該当しないこととされました。
令和元年度 改正	業績連動 給与	(1)　報酬委員会又は報酬諮問委員会における決定等の手続きについて、次の見直しが行われました。 ①　業務執行役員が報酬委員会又は報酬諮問委員会の委員でないこととの要件が除外されました。 ②　報酬委員会又は報酬諮問委員会の委員の過半数

		が独立社外取締役又は独立社外監査役であること並びに報酬委員会又は報酬諮問委員会の委員である独立社外取締役及び独立社外監査役の全員が業績連動給与の決定等に係る決議に賛成していることとの要件が追加されました。 ③ 報酬諮問委員会に対する諮問等を経た取締役会の決議による決定に係る給与の支給を受ける業務執行役員がその諮問に対する意見に係る決議に参加していないこととの要件が追加されました。 (2) 監査役会設置会社における監査役の過半数が適正書面を提出した場合の取締役会の決議による決定及び監査等委員会設置会社における監査等委員の過半数が賛成している場合の取締役会の決議による決定が除外されました。
平成29年度改正	定期同額給与	定期給与の各支給時期における支給額から源泉税等の額を控除した金額が同額である場合には、その定期給与の各支給時期における支給額は、同額であるものとみなすこととされました。
	事前確定届出給与	事前確定届出給与の範囲に、所定の時期に確定した数の株式又は新株予約権を交付する旨の定めに基づいて支給する給与が追加されました。
	業績連動給与	(1) 支給額の算定方法の基礎とすることができる指標の改正 ① 給与の支給額の算定方法の基礎とすることができる指標に、株式の市場価格の状況を示す指標及び売上高の状況を示す指標が追加されました。 ② 利益の状況を示す指標の要素となる利益の額、費用の額等の算出期間について、職務執行期間開始日以後に終了する事業年度とされました。 ③ 損金経理要件について、給与の見込額として損金経理により引当金勘定に繰り入れた金額を取り崩す方法により経理していることとの要件を満たす場合にも損金算入できることとされました。 (2) 株式又は新株予約権による給与が、損金算入できる業績連動給与の範囲に追加されました。 (3) 同族会社のうち同族会社以外の法人との間にその法人による完全支配関係がある法人の支給する給与が、損金算入できる業績連動給与の範囲に追加されました。

	共通（提出期限の特例）	確定申告書の提出期限の延長の特例に係る延長期間の指定を受けている内国法人について、定期同額給与の改定期限、事前確定届出給与の届出期限及び業績連動給与における報酬委員会の決定等の手続期限の見直しが行われました。
平成28年度改正	事前確定届出給与	届出が不要となる事前確定届出給与の対象となる給与に、役員の職務につき、その職務の執行の開始の日から1月を経過する日までにされる株主総会等の決議によりその決議の日から1月を経過する日までにその役員に生ずる債権の額に相当する特定譲渡制限付株式を交付する旨の定めをした場合におけるその定めに基づいて交付される特定譲渡制限付株式による給与及びその特定譲渡制限付株式に係る承継譲渡制限付株式による給与が追加されました。
	業績連動給与（旧利益連動給与）	利益連動給与の算定の基礎となる利益の状況を示す指標が、利益の額、利益の額に有価証券報告書に記載されるべき事項による調整を加えた指標その他の利益に関する指標であることについて、規定の明確化が行われました。
平成27年度改正	業績連動給与（旧利益連動給与）	会社法の改正に伴い、役員給与の損金不算入について、損金算入できる役員給与のうち利益連動給与の要件における報酬委員会の決定に準ずる適正な手続にその内国法人が監査等委員会設置会社である場合の取締役会の決議による決定が、使用人兼務役員とされない役員に監査等委員である取締役が、それぞれ追加されたほか、委員会設置会社を指名委員会等設置会社とする名称変更が行われました。

2. 役員の意義

▎(1) 法人税法における役員の定義

　法人税法上で使用される用語については、一般的に広く使用されているもののほかに、法人税法において定義付けされた独自のものがあります。例えば、「役員」という用語は、よく世間で使用されており、会社法や企業会計においても使用されていることから、何となくイメージの湧く用語です。しかし、法人税法上の役員は、法人税法2条15号で下記のように定義されており、一般的な認識よりも幅広い範囲となっています。この規定は、①法律上の一定の機関として登記されるものと②法人税法上のみなし役員に分けられます。

＜法人税法2条15号・定義＞

十五　役員　①法人の取締役、執行役、会計参与、監査役、理事、監事及び清算人並びに②これら以外の者で法人の経営に従事している者のうち政令で定めるものをいう。

①　法律上の一定の機関として登記されるもの

　法人の設立根拠法令において役員等として規定されている機関が該当して、会社法施行規則2条3項3号に列挙されている取締役、会計参与、監査役、執行役、理事、監事の他に清算株式会社の清算業務を執行する清算人が加わっています。これらの地位を有する場合には、事実上使用人であるかは問わず、形式的に法人税法上の役員となります。

　実務上の取扱いが最も多い株式会社における会社法上の役員については、上記の規定で法人税法上の役員になることが明らかです。ま

た、同じく会社法を設立根拠法令とする合資会社、合名会社、合同会社の業務執行社員については、株式会社における取締役と同様に登記されます。したがって、合同会社等の業務執行社員も法人税法2条15号で列挙されてもよいと思えますが、法人税法上の規定においては、②法人税法上のみなし役員として整理されています。

　一方で、法人税法2条15号で列挙されている機関には、根拠法令が会社法ではない理事、監事も含まれています。これらは一般社団法人及び一般財団法人に関する法律等に規定されているものです。

②　法人税法上のみなし役員

　法人の設立根拠法令において、役員等として定められていないとしても、事実上法人の事業運営に参画している場合には、法人税法の適用にあたっては、役員の範囲に含める必要があるために「みなし役員」制度が設けられています（法令7）。

　法人税法施行令7条1項1号では使用人以外の者を対象として、2号は同族会社の使用人のうち一定数の株式を保有している者を対象としています。

＜法人税法施行令7条・役員の範囲＞

　法第2条第15号《役員の意義》に規定する政令で定める者は、次に掲げる者とする。
一　法人の使用人（職制上使用人としての地位のみを有する者に限る。次号において同じ。）以外の者でその法人の<u>経営に従事しているもの</u>
二　同族会社の使用人のうち、第71条第1項第5号イからハまで（使用人兼務役員とされない役員）の規定中「役員」とあるのを「使用人」と読み替えた場合に同号イからハまでに掲げる要件のすべてを満たしている者で、その会社の<u>経営に従事しているもの</u>

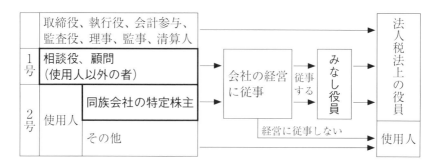

1号の使用人以外の者で経営に従事している者には、旧法人税基本通達（昭34直法1-150「10」）によれば下記のような者が該当するとされていました。この通達は現在では廃止されていますが、法人税基本通達逐条解説において、同様の記載が残っており、⑤の相談役、顧問などの内容は、現行の法人税基本通達9-2-1に踏襲されています。通達の改変において、①から④の項目が削除されたのは、判断に疑義が生じないので、あえて通達で定める必要がないためのようです。

＜旧法人税基本通達(昭34直法1-150「10」)において役員に該当する者＞

① 取締役又は理事となっていない総裁、副総裁、会長、副会長、理事長、副理事長、組合長その他これらの者に準ずる者で取締役又は理事ではない者
② 合名会社、合資会社及び合同会社の業務執行社員
③ 人格のない社団等の代表者又は管理人
④ 法定役員ではないが、法人が定款等において役員として定めている者
⑤ 相談役、顧問などで、その法人内における地位、職務等からみて他の役員と同様に実質的に法人の経営に従事していると認められるものも含まれる。

2号の同族会社の特定株主である使用人は、判定が複雑になりますが、実務的には同族一族の親族が株式の大部分を保有している場合であって、判定する者とその配偶者を合わせて5%超の株式を保有して

いるケースが多いと思います。しかし、複数の株主グループがある場合や大株主に相続が発生して未分割になっている場合などにおいては、慎重に特定株主の判定を行うことをお勧めします。相続において株式が未分割となっている場合において、相続人が数人あるときは、その相続財産は共有に属するものとされます。したがって、株式が未分割となっている場合には、相続の放棄、限定承認等がされない限り、法定又は指定相続分に応じて持分を有することになるので、その相続分に応じた持分に基づいて持株割合を計算することになります。

【特定株主の判定（法令7、71）】

〔要件〕

(ア) 50％超基準

　その会社の株主グループについて、その所有割合が最も大きいものから順次その順位を付した場合に次の要件を満たしていること

　　㋐　第1順位の株主グループの所有割合が50％超の場合のその株主グループにその使用人が属していること

　　㋑　第1順位と第2順位の株主グループの所有割合を合計した場合にはじめて50％超になる場合のこれらの株主グループにその使用人が属していること

　　㋒　第1順位から第3順位の株主グループの所有割合を合計してはじめて50％超になる場合のこれらの株主グループにその使用人が属していること

(イ) 10％超基準

　その使用人の属する株主グループのその会社にかかる所有割合が10％超であること

(ウ) 5％超基準

　その使用人（その配偶者及びこれらの者の所有割合が50％超である他の会社を含む）のその会社にかかる所有割が5％超であること

③ 「法人の経営に従事している」ことの判定

「法人の経営に従事している」とは、法人の重要な取引等に直接関与し、決裁権を有していると捉えることができます。ただ、どの業務が重要であるかは、その法人の経営規模、組織形態、事業の内容、取引金額などによるため、一概にいえる問題ではありません。一般的に下記のような業務がその法人の経営に従事していることと考えられます。法人税法上のみなし役員になるような人は、法人の経営方針について発言力のある人であり、その人の年齢、社内での経歴、力関係等からも総合的に判断すべきです。

【法人の重要な取引等】

> ① 商品、材料等の仕入数量、仕入価格などの決定
> ② 売上商品の価格決定、発注、受注業務
> ③ 資金調達、資金繰り等の計算
> ④ 従業員の雇い入れ、異動、退職等の決定
> ⑤ 使用人に対する給与、賞与などの金額の決定
> ⑥ 法人を代表しての契約等の打合せ

④ 実務上の留意点

みなし役員が実務上問題になるケースは、イ家族経営である同族会社、ロ役員を退職後の相談役の2つのケースが考えられます。

イ 家族経営である同族会社の留意点

夫が100％株主であって代表取締役に就任しており、妻は会社法上の役員ではなく、使用人として従事している場合があると思います。このような場合には、夫が対外的な営業活動などを行い、妻が経理、総務的なバックオフィスを担うことが良くあります。妻は、会社法上の役員には就任していませんが、夫が100％株主であるこ

とから特定株主に該当し、「経営に従事」すると認定されるとみなし役員になります。

　みなし役員に該当すると法人税法上の役員給与の規定が適用されることから、事前確定届出給与に該当しない賞与は損金不算入になってしまいます。「経営に従事」するか否かは、事実認定の領域となります。妻が夫の指揮監督下において経理、総務の作業を行っているのであれば、「経営に従事」すると認定されることは考えられません。一方で、夫が妻に権限を委譲して、妻が独断で決裁している状況が、税務調査時の発言や取引先との書面、メールから読み取れる場合には「経営に従事」していると疑われるリスクが高まります。税務調査において、代表取締役である夫が、使用人の妻に、権限委譲していることを調査官に説明するようなことは避けなければなりません。

ロ　役員を退職後の相談役の留意点

　取締役の退任後に相談役に就任することがあります。相談役の役割は、取締役会に参加して、経営上の助言をするなどの法人運営をサポートすることです。相談役とは、会社法上の役員ではないことから、法人税法上のみなし役員に該当するか否かがポイントとなります。相談役は、使用人以外の者と捉えることができますので、法人税法施行令7条1項2号の規定により、「経営に従事」している場合にはみなし役員に該当します。相談役に期待されている職務は、使用人とは異なり、これまでの取締役としての経験を活かした、現在の経営陣のフォローであることが多いです。相談役は、取締役会に出席して経営上の意見を求められることもあると想定されますが、意見を述べるに留まるのか、議決に参加するかは大きな違いがあります。意見を述べるに留まるのであれば「経営に従事」したとは認定されないと考えられています。一方で、取締役会の議決

に参加している事実が確認されると「経営に従事」していると認定される可能性が高まります。

会社法上の役員を退任して、新たに就任した相談役という職位において、みなし役員に該当することになると、引き続き役員給与としての制限を受けることになります。さらに、法人税法の観点からは、役員である立場を継続しているような状況であるために、退任時の退職金の損金性に疑義が生じることになります（詳細はⅤ特殊な役員退職金を参照）。

(2) 合同会社の社員と法人税法上の役員

合同会社の出資者は「社員」と称され、この場合における「社員」は一般的に用いられる従業員とは全く異なります。また、株式会社における株主と同義ではなく、原則として「業務執行権」と「代表権」を平等に持っています。税理士法人は合名会社に準ずる法人格であることから、税理士法人の社員をイメージするとわかりやすいと思います。

株式会社は、出資者である株主と実際に運営する取締役とは区分されており、所有と経営は分離されています。一方で、合同会社は、原則として、出資者である社員が業務執行権を有することから、所有と経営が分離されていません。しかし、合同会社の社員であっても業務執行は他の社員に任せて、出資者としての立場のみを希望することも考えられます。合同会社では、定款において業務執行社員を選定すると業務執行権は、業務執行社員に限定されて、業務執行社員以外の社員は業務執行権を有しないことになります。また、業務執行社員は、代表権を有するとされていますが、複数の業務執行社員の中から代表社員を選定した場合には、代表権はその代表社員に限定されます。これらを整理すると、社員は、①単なる出資者である社員、②業務執行社員、③代表社員の３パターンに分けることができます。下記のイメージ図では、社員がＡ～

Eの5名で、そのうち社員A、B、Cが業務執行社員となり、その中で社員Aが代表社員となっています。業務執行社員は、氏名が登記事項とされて、代表社員は、住所と氏名が登記事項となり、履歴事項全部証明書に記載されます。下記の事例であれば、社員Aは住所と氏名が、社員B、Cは氏名が登記されます。

　法人税法上の取扱いとしては、業務執行社員がみなし役員に該当するので、業務執行社員を役員と整理することになります。言い換えると、業務執行権を有しない社員は、法人税法上の役員には該当しないことになります。実務的には、履歴事項全部証明書に記載されている者を役員として取り扱うことになります。なお、社員が複数であって、業務執行社員や代表社員についての別段の定めがない場合には、社員の全員が業務執行社員として登記されます。

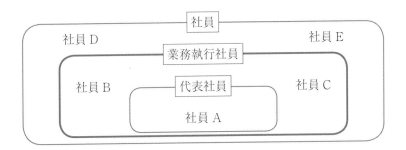

(3) 法人が業務執行社員になることの是非

　法人は、株式会社における取締役や監査役に就任することはできません。実務的には、当然のことのように役員には個人が就任するものと捉えていると思います。逆に、法人が役員になることに違和感を覚えるでしょう。法人が取締役に就任できないのは、会社法331条の「取締役の資格等」において、法人は取締役になることができない旨が定められているためです。

14   I   役員給与に係る税務の基本

　一方で、合同会社では、会社法331条に規定されている「取締役の資格等」のような制限がありません。さらに、会社法598条で「法人が業務を執行する社員である場合の特則」という規定が設けられ、法人が業務執行社員になることが想定されており、法人税基本通達においても規定されています（法基通9-2-2）。

【株式会社の場合】

＜会社法331条1項1号　取締役の資格等＞

　次に掲げる者は、取締役となることができない。
一　法人

【合同会社の場合】

＜会社法598条　法人が業務を執行する社員である場合の特則＞

　法人が業務を執行する社員である場合には、当該法人は、当該業務を執行する社員の職務を行うべき者を選任し、その者の氏名及び住所を他の社員に通知しなければならない。
2　第593条から前条までの規定は、前項の規定により選任された社員の職務を行うべき者について準用する。

▌(4)　業務執行役員である法人に役員給与を支払った場合

　法人が業務執行社員である場合には、その法人が直接業務の執行を行うことができないので、その業務執行社員である法人が、他に業務を執行する者として業務執行者を選任して、その業務執行者に業務を委ねることになります。

　合同会社が業務執行社員である法人に支払う業務執行の対価は、役員給与としての性格を有しています。その帰属先は、実際の職務執行を行う業務執行者ではなく、業務執行社員である法人となります。

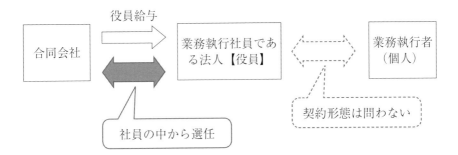

　株式会社において、役員給与を法人に支払うことはあり得ません。しかし、合同会社の場合には、業務執行社員が法人であることが想定されますので、法人に対して役員給与を支払う可能性は十分にあります。

　法人税法上の役員給与の規定では、支給を受ける役員が個人と法人とで取扱いを分けていません。したがって、法人に対する役員給与の支給であっても、定期同額給与、事前確定届出給与、業績連動給与のいずれかに該当しないと損金の額に算入することはできません。

　法人が、役員給与を支給する場合には、法人税法だけではなく、他の税目にも注意する必要があります。個人への支給であれば、支給する法人に所得税の源泉徴収義務が課され、その支給は消費税法上の不課税取引として、消費税の課税対象外となります。一方で、法人へ役員給与を支給するのであれば、受領するのが法人であるために源泉徴収義務は生じません（所法183）。消費税については、合同会社と業務執行社員である法人との契約が雇用契約又はこれに準ずる契約に基づかないものとして、課税取引となります。また、法人である業務執行社員が持分を他の者に譲渡して退社する場合には、役員退職金の支給が想定されます。法人へ支給される役員退職金も源泉徴収義務が生じず（所法199）、消費税の課税取引となります。

II

定期同額給与

1. 概要

　定期同額給与は、法人税法上、損金算入が認められる支給形態のひとつで、最も一般的で多用されているものです。わかりやすく言えば、月々同額の給与を支給することで利益調整の余地が排除された支給形態です。月々同額の給与を支給するとしても、役員の就任から退任までの期間で同額を要求するのは非現実的です。そこで、事業年度ごとで区切られる職務執行期間ごとによる改定が認められています。原則的な改定時期は、事業年度開始の日の属する会計期間開始の日から3月以内となります（法令69①一イ）。

　しかし、役員の職制上の地位の変更などの臨時改定事由、経営状況が著しく悪化した場合の業績悪化改定事由に該当するときには、例外的に職務執行期間の途中での改定が認められます（法令69①一ロハ）。なお、臨時改定事由の場合には、新たな地位や役職に即した給与に改定するので、増額改定だけではなく減額改定も可能です。一方で、業績悪化改定事由の場合には、業績が悪化したことを要件としていることから減額改定のみとなります。

　なお、役員給与には、金銭での支給の他に経済的な利益の供与も含まれます。定期同額給与となる経済的な利益は、改定時期について事業年度開始の日の属する会計期間開始の日から3月以内という制限がありません（法令69①二）。

(1)　通常改定

　定期同額給与となる定期給与の改定（臨時改定事由及び業績悪化改定事由により行われる改定を除きます。）の期限は、原則として当該事業年度開始の日の属する会計期間開始の日から3月を経過する日とされていま

す。

　例外的に、「確定申告書の提出期限の延長の特例の延長期間の指定」を受けている内国法人にあっては、その会計期間開始の日からその指定に係る月数に2を加えた月数を経過する日が改定の期限となります。この「確定申告書の提出期限の延長の特例の延長期間の指定」という制度は、平成29年度税制改正において整備されたものです。具体的には、その内国法人が会計監査人を置いている場合で、かつ、その定款等の定めにより各事業年度終了の日の翌日から3月以内にその事業年度の決算についての定時総会が招集されない常況にあると認められる場合には、その定めの内容を勘案して4月を超えない範囲内において税務署長が延長期間を指定することができるとされています（法法74）。

　また、法人の役員給与の額がその親会社の役員給与の額を参酌して決定されるなどの常況にあるため、当該親会社の定時株主総会の終了後でなければ当該法人の役員の定期給与の額の改定に係る決議ができない等の事情により、定期給与の額の改定が原則的な改定時期後にされる場合には、当該改定時期が改定の期限となります（法基通9-2-12の2）。

　実務的には、延長期間の指定を受けるケースは、かなり少数であることから、定期同額給与となる定期給与の改定の期限は、事業年度開始の日の属する会計期間開始の日から3月を経過する日と捉えてよいと思います。

▎(2)　臨時改定事由

　臨時改定事由による改定とは、事業年度開始の日から3月までにされた定期給与の額の通常改定とは異なる偶発的な事情等による定期給与の額の改定です。利益調整等の余地がないと認められるものについて、定期同額給与とされる定期給与の額の改定として取り扱うこととされています。臨時改定事由に当たるかどうかは、役員の職務内容など個々の実

態に即し、予め定められていた役員給与の額を改定せざるを得ない事情があるかどうかにより判断することになります。

臨時改定事由が認められるのは、「役員の職制上の地位の変更、その役員の職務の内容の重大な変更その他これらに類するやむを得ない事情」があった場合です。具体的には、定時株主総会後、次の定時株主総会までの間において社長が退任したことに伴い臨時株主総会の決議により副社長が社長に就任する場合や、合併に伴いその役員の職務の内容が大幅に変更される場合などです。なお、役員の職制上の地位とは、定款等の規定又は総会若しくは取締役会の決議等により付与されたものです（法基通9-2-12の3）。

臨時改定事由は、該当事由の範囲が広くて、新たな地位や役職に即した給与の改定だけではなく、やむを得ない事情によって、予定された職務執行ができなくなったことによる減額改定も可能です。国税庁が公表している「役員給与に関するＱ＆Ａ」において、以下のように、入院により職務執行ができない場合も臨時改定事由に該当する例を示しています。

【国税庁・役員給与に関するＱ＆Ａ・Ｑ5（抜粋）】

役員が病気で入院したことその他の事由により、当初予定されていた職務の一部又は全部の執行ができないこととなった場合には、役員の職務の内容の重大な変更その他これに類するやむを得ない事情があると認められることから、これにより役員給与の額を減額して支給する又は支給をしないことは、臨時改定事由による改定と認められます。

また、退院後、従前と同様の職務の執行が可能となったことにより、取締役会の決議を経て入院前の給与と同額の給与を支給することとする改定についても、「役員の職務の内容の重大な変更その他これに類するやむを得ない事情」に該当することとなります。

(3) 業績悪化改定事由

　業績悪化改定事由による改定とは、「経営の状況が著しく悪化したことその他これに類する理由」による定期給与の減額改定をいい、経営状況が著しく悪化したことなどやむを得ず役員給与を減額せざるを得ない事情があることを前提としています。したがって、財務諸表の数値が相当程度悪化したことや倒産の危機に瀕したことだけではなく、経営状況の悪化に伴い、第三者である利害関係者（株主、債権者、取引先等）との関係上、役員給与の額を減額せざるを得ない事情が生じていれば、業績悪化改定事由に該当することになります（法基通9-2-13）。

【業績悪化改定事由の具体例】

① 株主との関係上、業績や財務状況の悪化についての役員としての経営上の責任から役員給与の額を減額せざるを得ない場合	株主が不特定多数の者からなる法人であれば、業績等の悪化が直ちに役員の評価に影響を与えるのが一般的であると思われますので、通常はこのような法人が業績等の悪化に対応して行う減額改定がこれに該当するものと考えられます。一方、同族会社のように株主が少数の者で占められ、かつ、役員の一部の者が株主である場合や株主と役員が親族関係にあるような会社についても、該当するケースがないわけではありませんが、そのような場合には、役員給与の額を減額せざるを得ない客観的かつ特別の事情を具体的に説明できるようにしておく必要があることに留意してください。
② 取引銀行との間で行われる借入金返済のリスケジュールの協議において、役員給与の額を減額せざるを得ない場合	取引銀行との協議状況等により、これに該当することが判断できるものと考えられます。
③ 業績や財務状況又は資金繰りが悪化したため、取引先等の利害関係者からの信用を維持・確保する必要性から、経営状況の改善を図るための計	その策定された経営状況の改善を図るための計画によって判断できるものと考えられます。この場合、その計画は取引先等の利害関係者からの信用を維持・確保することを目的として策定されるものであるので、

画が策定され、これに役員給与の額の減額が盛り込まれた場合	利害関係者から開示等の求めがあればこれに応じられるものということになります。

(4) 定期同額給与のまとめ

　定期同額給与の内容を表にまとめると以下のとおりです。

原則		定期同額給与とは、その支給時期が1か月以下の一定の期間ごとである給与（以下「定期給与」といいます。）で、その事業年度の各支給時期における支給額又は支給額から源泉税等の額(注)を控除した金額が同額であるもの
改定あり		定期給与の額につき、次に掲げる改定（以下「給与改定」といいます。）がされた場合におけるその事業年度開始の日又は給与改定前の最後の支給時期の翌日から給与改定後の最初の支給時期の前日又はその事業年度終了の日までの間の各支給時期における支給額又は支給額から源泉税等の額を控除した金額が同額であるもの
	通常改定	その事業年度開始の日の属する会計期間開始の日から3か月（確定申告書の提出期限の特例に係る税務署長の指定を受けた場合にはその指定に係る月数に2を加えた月数）を経過する日（以下「3月経過日等」といいます。）まで（継続して毎年所定の時期にされる定期給与の額の改定で、その改訂が3月経過日等後にされることについて特別の事情があると認められる場合にはその改訂の時期まで）にされる定期給与の額の改定
	臨時改定事由	その事業年度においてその法人の役員の職制上の地位の変更、その役員の職務の内容の重大な変更その他これらに類するやむを得ない事情によりされたこれらの役員に係る定期給与の額の改定（通常改定を除きます。）
	業績悪化改定事由	その事業年度においてその法人の経営状況が著しく悪化したことその他これに類する理由によりされた定期給与の額の改定（その定期給与の額を減額した改定に限られ、通常改定及び臨時改定事由に掲げる改定を除きます。）
経済的利益		継続的に供与される経済的利益のうち、その供与される利益の額が毎月おおむね一定であるもの

（注）源泉税等の額とは、源泉徴収をされる所得税の額、特別徴収をされる地方税の額、定期給与の額から控除される社会保険料の額その他これらに類するものの額の合計額をいいます。

2. 定期同額給与の事例検討

　定期同額給与の実務は、毎月同額の定期給与を支給すれば課税上の問題は生じません。しかし、定期給与の額を変更しないことを前提とすると、柔軟な事業運営に支障をきたします。定期給与の額を変更する場合の注意点や意図しないで定期給与の額を変更してしまった場合の課税上の取扱いなどを検証します。

Q1　定期同額給与の期中増額改定

　当社（年1回3月決算）は、令和2年5月に開催した定時株主総会において、月額40万円の役員給与を50万円に改定することを決議していますが、業績が好調であることから、令和3年1月に臨時株主総会を開催し、同月分の給与から月額20万円ずつ増額して支給することを決議しました。
　このように、定期給与の額を事業年度の中途で増額改定をした場合には、どのように取り扱われるのでしょうか？

解説

　定期給与の額について、通常改定以外に事業年度の中途の増額改定が行われた場合において、増額後の各支給時期における支給額も同額であるようなときは、従前からの定期給与とは別個の定期給与が上乗せされて支給されたものと同視し得ることから、上乗せ支給された定期給与とみられる部分のみが損金不算入になります。

　したがって、ご質問の場合には、定時株主総会において、定期給与の額として定めていた金額（50万円）に別途20万円を上乗せして支給すると捉えることになります。そうすると、増額改定後の支給額（70万円）のうちの50万円部分に関しては、引き続き同額の定期給与の支給が行われているものと考えられますので、令和3年3月期における損金

不算入額は、60万円（令和3年1月分から3月分の増額分各月20万円の合計額）となります。

なお、臨時株主総会において月額20万円の増額改定が行われたときに、臨時改定事由に該当するような、「職制上の地位の変更、その役員の職務の内容の重大な変更等」が行われていれば、令和3年1月分から3月分の増額分各月20万円も定期同額給与として損金の額に算入することができます。

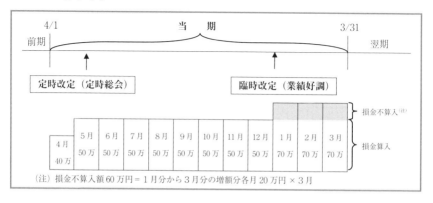

Q2 定期同額給与の期中減額改定

当社（年1回3月決算）は、令和2年5月に開催した定時株主総会において、月額40万円の役員給与を50万円に改定することを決議していますが、一時的に資金繰りの不安があることから、令和3年1月に臨時株主総会を開催し、同月分の給与から月額20万円ずつ減額して支給することを決議しました。

このように、定期給与の額を事業年度の中途で減額改定をした場合には、どのように取り扱われるのでしょうか？

解説

定期給与として月々同額を支給していた給与を通常改定以外で事業年度の途中において減額改定を行い、減額後もその各支給時期における支給額が同額であるときには、本来の定期給与の額は減額改定後の金額と

捉えます。そうすると、減額改定前は、本来の定期給与の額に上乗せ支給を行っていたものであると捉えることから、減額改定前の定期給与の額のうち減額改定後の定期給与の額を超える部分の金額のみが損金不算入となります。

したがって、ご質問の場合には、当初、定期給与の額として定めていた金額（50万円）から20万円を減額して支給するとのことから、減額改定前の支給額（50万円）のうちの20万円部分に関しては、その定期同額給与の額に上乗せ支給を行っていたと捉えることになります。そうすると、令和3年3月期における損金不算入額は、160万円（令和2年5月分から12月分の上乗せ分各月20万円の合計額）となります。

なお、月額20万円の減額改定が行われた理由が、業績悪化改定事由に該当するような「経営状況が著しく悪化したこと」である場合には、定期給与の額を変更しても損金不算入額が生じることはありません。

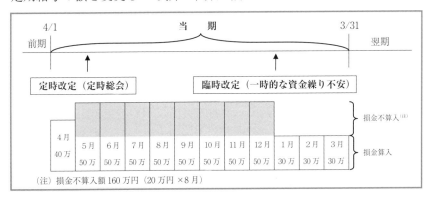

Q3 定期同額給与の改定時期（一事業年度に2回の改定）

当社（年1回3月決算）は、最近業績が好調であることから早急に役員給与の増額を考えています。毎年6月10日に行われる定時株主総会まで待たなければならないのでしょうか？

なお、役員給与の支給は、毎月25日であって、改定後の役員給与は毎年6月25日の支給日から適用しています。

26　Ⅱ　定期同額給与

解説

　定時株主総会で役員給与の改定があった場合における定期同額給与であるための要件は、①事業年度開始の日から給与改定後の最初の支給時期の前日までの間の各支給時期における支給額が同額であること、さらに②給与改定前の最後の支給時期の翌日から事業年度終了の日までの間の各支給時期における支給額が同額であることです（法令69①）。

　ご質問の事例に当てはめてみると、3月決算の法人であることから、①4月分の支給額（4月25日支給額）から定時株主総会で改定した給与改定後の最初の支給時期の前日（6月24日）までの間の各支給時期の支給額（4月25日支給額と5月25日支給額）が同額であること。さらに、②改定後の最初の支給時期（6月25日支給額）から事業年度終了の日である3月分までの間の各支給時期の支給額が同額であることとなります。

　ここでポイントになるのは、法人税が事業年度で所得計算を区切っていることから、定期同額給与の規定においても、前期の支給額と当期の支給額が同額であることは求められていないことです。

　当期の定期同額給与を判定する場合において、仮に、前期の3月25日支給分までは月々50万円で、当期の4月25日支給分から80万円としても要件は欠落しません。そして、これまで通りに定時総会後の6月25日支給分から100万円としても当期に支給される定期給与の全額が定期同額給与に該当することになります。

　つまり、定期同額給与となる定期給与の改定時期は、①事業年度開始後の最初の支給時期と②定時株主総での通常改定による改定後最初の支給時期の2回となります。なお、役員給与の改定は株主総会の決議等を必要とすることから、①事業年度開始後の最初の支給時期から改定する場合には、臨時株主総会等で決議することになります。

2. 定期同額給与の事例検討　27

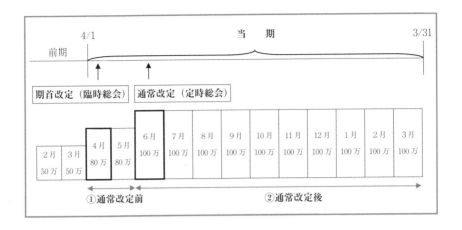

Q4　手取額を同一にする定期同額給与

当社（年1回3月決算）は、外国籍の役員が就任したことを契機に、各支給時期における手取額を同額にする計画があります。給与計算が煩雑になるような気がしますが、実務的にどのようなメリットとデメリットが考えられるでしょうか？

解説

平成29年度税制改正において、定期給与の各支給時期における支給額から源泉税等の額を控除した金額が同額である場合には、各支給時期における支給額は、同額であるものとみなすこととされました。手取額の計算にあたって控除することが認められる源泉税等の額とは、定期給与について①源泉徴収をされる所得税の額、定期給与について②特別徴収をされる地方税の額、③健康保険法167条1項その他の法令の規定により定期給与の額から控除される社会保険料（所得税法74条2項に規定する社会保険料をいいます。）の額その他これらに類するものの額の合計額となります（法令69②）。

手取額をベースとする定期同額給与の支給は、外国籍の役員が多い法人からの要望であって、法人活動のグローバル化への対応と捉えること

ができます。

　このように各支給時期の手取額を同額にすることが、中小企業の実務にどのような影響を及ぼすかを検討してみます。

　まず、多くの実務家は違和感を覚えると思いますので、デメリットを考えてみます。デメリットとしては、これまで慣れ親しんだ実務が変わることです。これまでの給与計算は、まず総額を決めてから、各種控除額を引いて手取額を計算する流れになっているので、順番が逆になってしまい、出鼻をくじかれます。

　しかし、デメリットばかりとも言えません。毎月の手取額が同額となる役員給与を支払うのであれば、その手取額は株主総会等で決議された金額となるので、基本的には変動がありません。そうすると、従来であれば給与計算によって控除額が決まった後に手取額が決まる流れだったものが、給与計算を経ることなく手取額が決まるので、毎月の給与支払実務はスムーズになると考えられます。給与振込日が給与計算が完了するタイミングに左右されることがないのはメリットだと思います。また、各役員の関心ごとも給与総額ではなく、手取額であることが多いことからも、決してグローバル企業だけの制度とも言えないでしょう。

　では、各支給時期の手取額を同額にする場合の給与計算を検討したいと思います。支給総額から控除されるのは、所得税、住民税、社会保険料などです。特別徴収される住民税は、前年度の所得金額から算定されているので、既に金額は確定していることから毎月変動するものではありません。社会保険料も算定基礎届などで決定している金額を控除することになります。したがって、自ら計算を要するのは源泉所得税となります。源泉所得税は、本来の流れであれば支給総額から社会保険料等を控除した金額をベースに算定しますが、手取額ベースで計算する場合には、手取額に住民税を加算した金額から割り戻して計算することになります。

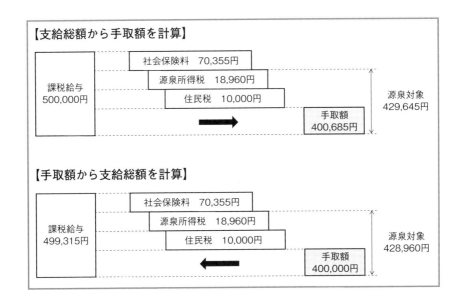

Q5 外貨で支払う役員給与に係る定期同額給与

当社（年1回3月決算）は、外国籍の役員が就任したことを契機に、ドルベースで役員給与の支給額を決める計画があります。月々の定期給与をドルベースで決めたとしても、為替変動の影響で日本円に換算すると月々の支給額は一定ではなくなります。このような状況で定期同額給与として認められるのでしょうか？

解説

定期同額給与の意義については、法人税法施行令69条に定められており、「各支給時期における支給額が同額であること」を要件としていますが、その支給額が円建てなのか、ドル建てなのかは問われていません。税制上のルールは、租税法律主義に基づくことから、法律で定められたことには遵守しなければなりませんが、定められていないことについては、租税回避の余地のない範囲で自由な運用が認められています。したがって、実務上は、ドルベースで「各支給時期における支給額が同

30　Ⅱ　定期同額給与

額であること」の要件を満たすのであれば定期同額給与として損金算入することができます。これらの内容は、下記の国税庁質疑応答事例からも読み取ることができます。

　また、金銭での支給がドルベースであっても定期同額給与に該当するのであれば、生命保険などの経済的利益の供与がドルベースであっても定期同額給与に該当することになると考えられます。

【国税庁・質疑応答事例　外貨で支払う役員報酬（定期同額給与）】

【照会要旨】

　当社は、米国人の役員に対して、米ドル建てで給与を支給することとしており（毎月 10,000 米ドル）、当該役員に対して毎月 10,000 米ドルを支払っています。毎月の給与を外貨建てで支給することとしている場合、為替レートの変動により、円換算した毎月の支給額は同額とならないため、当該役員に対する給与は、定期同額給与には該当しないこととなりますか。

【回答要旨】

　お尋ねの諸手当は定期同額給与に該当します。

（理由）

1．役員に対して支給する定期給与（その支給時期が1月以下の一定の期間ごとであるものをいいます。）で各支給時期における支給額が同額であるものは、定期同額給与として、これを支給する法人の各事業年度の所得の金額の計算上、損金の額に算入されます（法法34①一）。

2．このように定期同額給与に該当するためには、各支給時期における支給額が同額であることが必要となりますが、ここでいう同額とは、支給額を円換算した金額が同額であることまで求めるものではありません。お尋ねの場合、毎月の給与を米ドル建てで支給することとし（毎月 10,000 米ドル）、毎月、そのとおりに同額（10,000 米ドル）の給与を支給していますので、お尋ねの給与は定期同額給与に該当することとなります。

2. 定期同額給与の事例検討　31

Q 6　定時株主総会の翌々月からの改定

　当社（年 1 回 3 月決算）は、毎年 6 月 25 日に行われる定時株主総会で新年度の役員給与を決議しています。当社の役員給与は、従業員の給与と同様に月末締めの翌月末日支払いとしていることから、役員給与改定後の最初の支給は 7 月分なので、8 月 31 日が最初の支給時期となります。事業年度開始の日の属する会計期間開始の日から 3 月以内の改定でないと定期同額給与に該当しないと聞いていますが、当社の取扱いで税務上の問題はありませんか？

解説

　ご質問のポイントは、改定後の最初の支給時期が事業年度開始から 5 月程度を経過する日であることです。この質問の回答の手掛かりになるものとして、国税庁が公表している「役員給与に関する Q ＆ A」の Q2「定期給与を株主総会の翌月分から増額する場合の取扱い」が挙げられます（下記参照）。

　「役員給与に関する Q ＆ A」からも確認できるように、定期同額給与となる定期給与の改定時期は、事業年度開始の日の属する会計期間開始の日から 3 月以内となっていますが、これは改定する定時株主総会等の開催時期であって、改定後の支給時期ではありません。改定後の役員給与を事業年度開始の日の属する会計期間開始の日から 3 月以内に支給しなければならないとは規定されていません。

　事業年度開始の日の属する会計期間開始の日から 3 月を経過する日までに役員給与の改定があった場合の定期同額給与の要件は、条文上の表現では「当該事業年度開始の日又は給与改定前の最後の支給時期の翌日から給与改定後の最初の支給時期の前日又は当該事業年度終了の日までの間の各支給時期における支給額が同額であるもの」としています。時系列的に表現を変えると、①「当該事業年度開始の日から給与改定後の最初の支給時期の前日までの間の各支給時期における支給額が同額であ

るもの」と②「給与改定前の最後の支給時期の翌日から当該事業年度終了の日までの間の各支給時期における支給額が同額であるもの」の2つの期間に分けることができます。

この条文から分かるのは、役員給与の改定がいつ決議されたかではなく、給与改定後の支給時期を境として、役員給与の額が同額であることが求められていることです。そして、実務的なポイントは、改定後の最初の支給時期がいつになるかです。「役員給与に関するQ&A」では、6月25日に開催された定時株主総会直後に到来する6月30日ではなく、その翌月の7月31日であるとする定めも一般的と捉えており、7月31日が改定後の最初の支給時期であっても定期同額給与の要件を満たすとされています。つまり、利益調整の余地がなく、法人運営として違和感のない、「一般的」と捉えることのできるような改定後の最初の支給時期を定めることができれば問題ないと考えられます。

ご質問のケースでは、毎年6月25日に開催される定時株主総会では翌職務執行期間に係る給与の額を定めることになります。定時株主総会開催日から開始する翌職務執行期間に係る最初の給与の支給時期を、7月の職務執行に係る役員給与の支給時期である8月末日とする定め方もあり得ることだと思われます。支給日ベースで捉えるのではなく、職務執行期間ベースで捉えると違和感がなく、「一般的」な取扱いと考えられます。

もうひとつの論点として、7月分の職務執行期間に係る定期給与を8月に支払う場合において、その支給額を7月に未払計上できるか否かが挙げられます。

従業員の給与であれば、労働に従事した期間の給与は、当然として確定債務として未払計上が認められます。従業員の給与は、給与計算の締日とは関係ないので、日割計算での未払計上も可能とされています。

一方で、役員給与は、日割計上はできないとされていることから、確定債務としての未払計上ができないのではないかとの疑問が生じます。

しかし、役員給与規程又はこれまでの慣習などから、当月分の職務執行の対価を翌月に支払うことも一般的な処理であることから、毎期継続して適用している限りにおいては否認されることはないと考えられます。

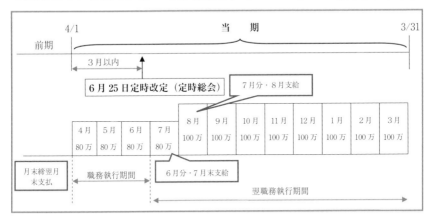

【国税庁・役員給与に関するＱ＆Ａ・Ｑ２】

(定期給与を株主総会の翌月分から増額する場合の取扱い)

当社（年１回３月決算）は、定時株主総会をＸ１年６月25日に開催し、役員に対する定期給与の額につき従来の50万円から60万円に増額改定することを決議しました。当社の役員に対する定期給与の支給日は毎月末日となっていますが、その増額改定は６月30日支給分からではなく、定時株主総会の日から１ヶ月経過後最初に到来する給与の支給日である７月31日支給分から適用することとしています。

この場合、定期同額給与の要件とされている「改定前後の各支給時期における支給額が同額であるもの」という要件は満たさないこととなりますか。

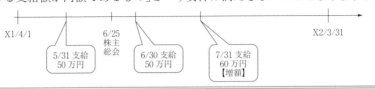

以下、上記Q2の回答の抜粋です。

34   Ⅱ　定期同額給与

　役員の職務執行期間は、一般に定時株主総会の開催日から翌年の定時株主総会の開催日までの期間であると解され、定時株主総会における定期給与の額の改定は、その定時株主総会の開催日から開始する新たな職務執行期間（以下「翌職務執行期間」といいます。）に係る給与の額を定めるものであると考えられます。

　ご質問の場合、定時株主総会において翌職務執行期間に係る給与の額を定めたものであると思われますが、6月25日から開始する翌職務執行期間に係る最初の給与の支給時期を、定時株主総会直後に到来する6月30日ではなく、<u>その翌月の7月31日であるとする定めも一般的と考えられます。</u>

　したがって、次の①又は②に掲げる各支給時期における支給額が同額である場合には、それぞれが定期同額給与に該当することとなります。

① 当該事業年度開始の日（4/1）から給与改定後の最初の支給時期の前日（7/30）までの間の各支給時期 ⇒ 4月30日、5月31日、6月30日

② 給与改定前の最後の支給時期の翌日（7/1）から当該事業年度終了の日（3/31）までの間の各支給時期 ⇒ 7月31日、8月31日、……、3月31日

Q7　新設法人の期中支給開始

　当社（年1回3月決算）は、令和2年7月に設立しました。設立時の株主総会で、12月までは売上が見込めないことから、令和3年1月から役員給与を月々30万円支給する旨を決議しました。定期給与の改定は、事業年度開始の日の属する会計期間開始の日から3月以内の間に行わないと定期同額給与に該当しないと聞いていますが、当社の取扱いで税務上の問題はありませんか？

解説

　現行の法人税法上の規定においては、新設法人だからといって、定期同額給与の判定基準は変わりません。したがって、事業年度の途中に定期給与を改定して定期同額給与として損金算入するためには、事業年度

開始の日の属する会計期間開始の日から3月以内に改定を行うか、臨時改定事由又は業績悪化改定事由に該当する必要があります。

新設法人の場合には、設立日が事業年度開始の日になるので、設立日から3月以内に定期給与の改定が行えれば定期同額給与として損金算入することができます。一方で、ご質問のケースのように3月を経過してからの定期給与の改定になる場合には、その増加分が損金不算入となる可能性が高いです。役員給与の支給がゼロだった状態から、いくらかの定期給与の支給を開始したのであれば、「改定」ではなく、「支給の開始」と捉える考えもあるようです。しかし、定期給与の額が変更になったのは事実なので、ゼロ円から増額するケースであっても「改定」と整理すべきでしょう。

定期給与の増額が、臨時改定事由に該当すれば、改定後の定期給与の額を定期同額給与として損金算入することができます。しかし、臨時改定事由は、「役員の職制上の地位の変更、その役員の職務の内容の重大な変更その他これらに類するやむを得ない事情」があることを前提としていることから、事業が軌道に乗ったことに起因して定期給与の支払いが可能になったのでは、臨時改定事由には該当しないと思われます。

ご質問のケースでは、当該事業年度での定期給与の増額は損金不算入になるので、翌事業年度開始時点からの増額が望ましいと考えられます。ここで検討すべきは事業年度の変更です。3月末を決算日としていると、定期給与の改定はどんなに早くても4月からになります。しかし、1月から定期給与の支給を開始したいのであれば、1月の支給日までに事業年度を変更し、新しい事業年度開始の日以後に定期給与の支給を開始させるのであれば、定期同額給与の要件に合致します。事業年度の変更は、登記事由はありませんので、株主総会等で定款等を変更して、その旨を記載した異動届出書を所轄の税務署へ提出することで手続きを完了させることができます。

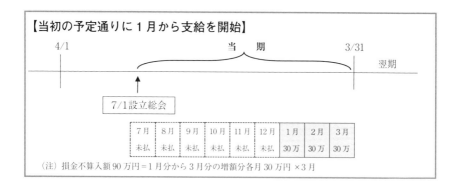

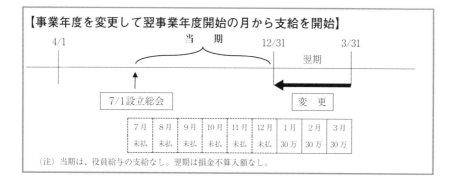

Q8　業績悪化改定事由による期中減額改定（悪化の程度）

　当社（年1回3月決算）は、業績が不調であることから、令和2年9月に臨時株主総会を開催し、同月分の給与から月額20万円ずつ減額して月額100万円を支給することを決議しました。
　このように、定期給与の額を事業年度の中途で減額改定をした場合には、どのように取り扱われるのでしょうか？

解説

　定期給与の額を事業年度の途中で減額改定した場合において、その減額改定が業績悪化改定事由であるときには、改定前及び改定後の定期給与の額は定期同額給与として損金算入することができます。

業績悪化改定事由については、「経営の状況が著しく悪化したことその他これに類する理由」と規定されていることから、経営状況が相当程度悪化しているような場合でなければ該当しません。法人税基本通達9-2-13において、「経営の状況が著しく悪化したことその他これに類する理由」とは、経営状況が著しく悪化したことなどやむを得ず役員給与を減額せざるを得ない事情があることであって、一時的な資金繰りの都合や、単に業績目標値に達しなかったことなどは含まないと定めています。また、財務諸表の数値が相当程度悪化したことや倒産の危機に瀕したことだけではなく、経営状況の悪化に伴い、第三者である利害関係者（株主、債権者、取引先等）との関係上、役員給与の額を減額せざるを得ない事情が生じていれば、業績悪化改定事由に該当することになります。

業績悪化改定事由の許容範囲が明確ではないことから、税務調査において業績悪化改定事由による減額と認められない可能性が残ってしまいます。実務的な対応としては、定期給与の減額を諦めて、事業年度終了時まで減額しないケースが多いようです。

ご質問のケースは、会社の上半期の業績が悪化したため、役員の定期給与の額を減額したのだと思います。単に業績目標値に達しなかったことが原因であって、経営の状況が著しく悪化したとはいえないのであれば、業績悪化改定事由による減額とは認められない可能性が高いです。「経営の状況が著しく悪化」の尺度は、経営者によって異なりますので、一概にはいえませんが、業績悪化改定事由に該当するには、社会通念上、一般的に経営の状況が著しく悪化したと認められるような状況が求められます。

業績悪化改定事由の適用の是非について争われた裁決事例では、月次決算における経常利益が対前年比94.2％の下落では、「経営の状況が著しく悪化」の状況にないと判断しています。

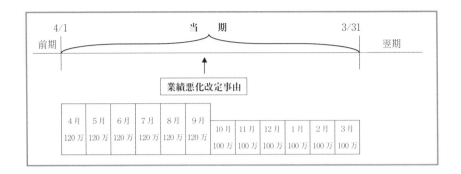

【月次決算の経常利益が対前年比で6％の減少したことをもって業績悪化改定事由にはならないとされた事例（平成23年1月25日裁決（抜粋）・TAINSコード：J82-3-11)】

> 　一定期間の経営成績を表示する本件5月次損益計算書の経常利益の対前年割合が94.2％と若干の下落があるものの著しい悪化というほどのものではないこと、本件事業年度及びその前6事業年度において、本件事業年度の最終的な売上高が最高額であり、経常利益も2番目に高いものであって、その前6事業年度と比較して遜色のない業績であること、また、本件取締役会によるBの給与の減額については、同人自らの申出に基づき、本件5月次損益計算書の経常利益が請求人の設定した業務目標に達しなかったことを理由としてなされたものであり請求人の業績が著しく悪化したことを理由とするものではないこと等からすれば、請求人の主張する経常利益が対前年割合で6％減少したことのみをもって、本件事業年度の中途である平成20年5月の時点において経営の状況の著しい悪化や業績悪化が原因でやむを得ず役員給与を減額せざるを得ない事情にあったと認めることはできず、上記理由以外に役員給与を減額せざるを得ない特段の事情が生じていたと認めるに足る事実はない。

2. 定期同額給与の事例検討　　39

Q9　企業型確定拠出年金制度（企業型 DC）の導入に伴う定期給与の改定

　当社（年 1 回 3 月決算）は、事業年度の途中で、選択制の確定拠出年金に加入して、役員給与の一部を企業型 DC の掛金とする予定です。会社の負担する費用総額は変わらないのですが、給与課税される金額が少なくなります。

　このように、事業年度の中途で定期給与の額の一部を企業型 DC の掛金とした場合には、定期給与の額を減額改定したことになるのでしょうか？

解説

　『企業型確定拠出年金制度（企業型 DC）』は、事業主が掛金を拠出し（拠出限度額は、他の企業年金がない場合で月額 5 万 5,000 円）、加入者がその掛金の運用方法を指示できるもので、将来、運用結果が反映された年金又は一時金を受け取ることができる仕組です。企業型 DC を導入するには、厚生年金保険の適用事業所の事業主が、労使の合意に基づき「企業型年金規約」を作成し、厚生労働大臣の承認を受ける必要があります。加入対象者は、原則 70 歳未満の厚生年金保険の被保険者であり、従業員や役員もその対象となります。

　企業型 DC には、「選択制」という制度設計があります。「選択制」を適用すると、従業員自身が確定拠出年金の掛金として拠出するか、前払退職金として給与に上乗せして受け取るか、その選択を行うことができます。中小企業では給与の一部を減額して掛金を捻出する方法が一般的であり、事業主が新たに資金負担することなく導入できる点も選択制の普及を後押ししています。

　従業員等のメリットとしては、①掛金が給与所得にならない、②掛金が社会保険の対象となる賃金に含まれない、③掛金相当額を従来通りに現金支給を受けることもできる、などが挙げられます。事業主のメリッ

トは、①社会保険の対象となる金額が圧縮されるので事業主負担額が減少する、②福利厚生制度の充実が図れる、③法人税法施行令135条の「確定給付企業年金等の掛金等の損金算入」の規定に基づき支払う掛金は事業主掛金として損金算入ができる、などがあります。

　事業主が企業型DCの「選択制」を導入して、従業員等の給与の一部を掛金とした場合（仕訳例の「支給変更なし」）には、給与所得の収入金額と社会保険の対象となる金額が減少するので、下記の仕訳例の加入後のように源泉徴収される所得税、社会保険料が減少します。この場合における加入者が役員だとすると、役員給与の額が変更することになります。役員の定期給与の改定で定期同額給与に該当するのは、①通常改定、②臨時改定事由、③業績悪化改定事由の3パターンです。企業型DCの加入に起因する定期給与の改定は、②臨時改定事由、③業績悪化改定事由には該当しないことから、①通常改定となるタイミングで加入すべきです。

　一方で、給与の一部を掛金とするのではなく、給与の額は変更しないで事業主が掛金を追加負担する方法も考えられます（仕訳例の「掛金分の増額」）。事業主の負担が増えるので、従業員での適用はあまり考えられませんが、役員であれば掛金の追加負担もあり得ると思います。この方法であれば、役員給与の額を減額しないで、加入するタイミングを気にする必要がありません。

　法人が支出する企業型DCの掛金は、従業員等への給与ではなく法人税法施行令135条の「確定給付企業年金等の掛金等の損金算入」の規定に基づく事業主掛金なので、現実に支払った時点で損金の額に算入されるのであって、未払計上では損金の額に算入することはできません。

2. 定期同額給与の事例検討

【仕訳の例】

	加入前	加入後
支給変更なし	役員給与 500,000 / 現金 410,685 　　　　　　　／所得税 18,960 　　　　　　　／社会保険料 70,355	役員給与 445,000 / 現金 367,808 役員給与減額　　／所得税 15,280 　　　　　　　／社会保険料 61,912 退職給付費用 55,000 / 現金 55,000
掛金分の増額	同上	役員給与 500,000 / 現金 410,685 役員給与変更なし／所得税 18,960 　　　　　　　／社会保険料 70,355 退職給付費用 55,000 / 現金 55,000

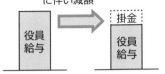

- 確定給付企業年金等の掛金等の損金算入（法令135）
- 役員給与の損金不算入（法法34）

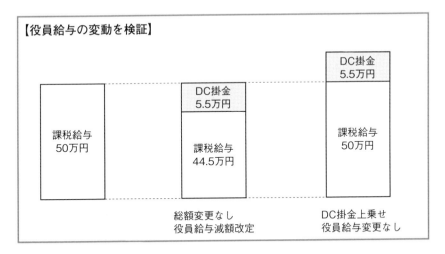

【役員給与の変動を検証】

【対象者（制度に加入できる者）及び拠出限度額】

	企業型	個人型（iDeCo）
実施主体	企業型年金規約の承認を受けた企業	国民年金基金連合会
加入対象者	実施企業に勤務する従業員	① 自営業者等（国民年金第1号被保険者） ② 厚生年金保険の被保険者（国民年金第2号被保険者） ③ 専業主婦（夫）等（国民年金第3号被保険者）
掛金	事業主拠出 （企業型確定拠出年金の規約に定めた場合は加入者も拠出可能）	加入者拠出 （「iDeCo＋」（イデコプラス・中小事業主掛金納付制度）を利用する場合は事業主も拠出可能）
拠出限度額	○ 確定給付型の年金を実施していない場合：55,000円／月 ※ 企業型確定拠出年金の規約において個人型への同時加入を認める場合：35,000円／月 ○ 確定給付型の年金を実施している場合：27,500円／月 ※ 企業型確定拠出年金の規約において個人型への同時加入を認める場合：15,500円／月	① 自営業者等：68,000円／月 ※ 国民年金基金の加入者の限度額は、その掛金と合わせて68,000円 ② 厚生年金保険の被保険者 ○ 確定給付型の年金及び企業型確定拠出年金に加入していない場合（公務員を除く）：23,000円／月 ○ 企業型確定拠出年金のみに加入している場合：20,000円／月 ○ 確定給付型の年金のみ、または確定給付型と企業型確定拠出年金の両方に加入している場合：12,000円／月 ○ 公務員：12,000円／月 ③ 専業主婦（夫）等：23,000円／月
拠出時	非課税 ○ 事業主が拠出した掛金：全額損金算入 ○ 加入者が拠出した掛金：全額所得控除（小規模企業共済等掛金控除）	非課税 ○ 加入者が拠出した掛金：全額所得控除（小規模企業共済等掛金控除） ○ 「iDeCo＋」を利用し事業主が拠出した掛金：全額損金算入

運用時	○ 運用益：非課税 ○ 積立金：特別法人税課税（現在、課税は停止されています）
給付時	○ 年金として受給：公的年金等控除 ○ 一時金として受給：退職所得控除

(出典：厚生労働省HP「確定拠出年金制度の概要」を基に作成。)

Q 10　定期同額給与となる経済的な利益の期中改定

当社（年1回3月決算）は、事業年度の途中から、役員に対して借上社宅を用意する計画があります。一定の算式によって算定された通常負担すべき賃借料を給与として源泉徴収の対象にする予定ですが、定期同額給与として認められるでしょうか？

解説

経済的な利益の額が毎月おおむね一定であれば、定期同額給与となります。「定期同額給与の範囲等」は、法人税法施行令69条に定められており、支給時期や改定時期に一定の制限を課している定期給与については第1項第1号で定めています。ご質問にある経済的な利益の額については第2号で定められており、支給時期及び改定時期についての制限は規定されないことから、支給開始時期などは問わないことになります。したがって、経済的な利益が定期同額給与に該当するか否かのポイントは、その供与される利益が毎月おおむね一定であるかどうかで判定します。

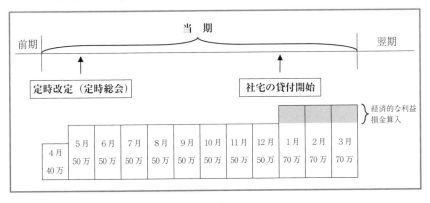

44　Ⅱ　定期同額給与

＜法人税法施行令69条　定期同額給与の範囲等＞

　　法第34条第1項第1号《役員給与の損金不算入》に規定する政令で定める給与は、次に掲げる給与とする。
　　1　法第34条第1項第1号に規定する定期給与で、次に掲げる改定がされた場合における当該事業年度開始の日又は給与改定前の最後の支給時期の翌日から給与改定後の最初の支給時期の前日又は当該事業年度終了の日までの間の各支給時期における支給額が同額であるもの
　　　イ　当該事業年度開始の日の属する会計期間・・・（省略）
　　　ロ、ハ　（省略）
　　2　継続的に供与される経済的な利益のうち、その供与される利益の額が毎月おおむね一定であるもの

【定期同額給与となる経済的な利益】

	役員に対する経済的利益	左のうち定期同額給与となるもの
①	物品等を贈与した場合におけるその資産の価額相当額	その額が毎月概ね一定であるもの
②	低額譲渡をした場合のその資産の価額と譲渡価額との差額相当額	
③	下記④及び⑤以外の無償又は低価で用役を提供した場合の通常対価と実際収受額との差額相当額	その額が毎月概ね一定であるもの
④	無償又は低額で居住用の土地又は家屋を賃貸した場合の通常取得すべき賃貸料と実際収受額との差額相当額	その差額相当額 （その額が毎月著しく変動するものを除く）
⑤	無償又は低金利での金銭貸し付けた場合の通常取得すべき利息と実際収受額との差額相当額	
⑥	機密費、接待費、交際費等の名義で支給したもののうち、法人の業務での使用でないことが明らかなもの	毎月定額により支給される渡切交際費に係るもの
⑦	個人費用を負担した場合のその費用額相当額	毎月負担する住宅の光熱費等 （その額が毎月著しく変動するものを除く）

⑧	社交団体等の会員としての入会金や経常費用でその役員等が負担すべきものを法人が負担した場合のその費用相当額	経常的に負担するもの
⑨	法人が役員等を被保険者及び保険金受取人とする生命保険契約を締結してその保険料の全部又は一部を負担した場合のその負担保険料相当額	

Q 11 税務調査において定期同額給与となる経済的な利益の計上漏れを認定された場合

　当社（年1回3月決算）は、税務調査において、役員に対する借上社宅を無償で提供していたので、適正な賃借料に係る経済的利益の供与を給与認定されそうです。当初申告では、何ら処理されていなかった経済的な利益の供与を定期同額給与として損金算入することは可能でしょうか？

解説

　経済的な利益の額が毎月おおむね一定であれば、定期同額給与となります。定期同額給与となる経済的な利益の額については、支給時期及び改定時期についての制限は規定されないことから、支給開始時期などは問われません。更に、当初申告での損金経理などの要件もないことから、税務調査で発覚した経済的利益の計上漏れについても適用があります。ご質問のケースであれば、経済的利益の供与に係る役員給与は定期同額給与として損金算入されると考えられます。しかし、法人税法上は損金算入することができても、役員側の所得税の課税は避けられないので、経済的利益の供与に係る源泉徴収漏れを指摘される可能性が高いです。

　税務調査で指摘された経済的な利益に係る定期同額給与の取扱いについて、下記の裁決事例が参考となります。

【裁決事例等からの検討：定期同額給与となる経済的な利益】

請求人名義の車両を代表者に対し贈与等をした事実はなく給与を支給したのと同様の経済的効果をもたらしたとは認められないとした事例（平成24年11月1日裁決（抜粋）・TAINSコード：J89-3-12）

請求人が、本件車両の購入に関する注文の当事者であり、本件信販会社を通じて本件車両の売買代金を支払い、自動車検査証に使用者として記載されているところ、これらの各事実からすると、本件車両の取得者は、請求人であると認められる。

この点に関し、原処分庁は、本件車両はG代表の妻の個人使用の目的で購入したものであるから、本件車両取得費がG代表に対する給与であると主張しているところ、確かに、本件車両の納車場所や保管場所がG代表の妻の居宅であったことや、本件ディーラーからの連絡先がG代表の妻であったことなどからすると、本件車両をG代表の妻が個人的に利用していることが認められる。しかしながら、各事実からは、G代表の妻が本件車両を個人的に利用しているといえるに留まるのであって、請求人からG代表に対して本件車両の贈与があった等、請求人が一定の行為をしたことにより実質的にG代表に対して給与を支給したのと同様の経済的効果をもたらしたとまでは認めることができない。したがって、本件車両取得費が役員給与に当たるとはいえないから、原処分庁の主張には理由がない。

本件車両に係る資産利用対価額はG代表に対する役員給与に当たるところ、このうち、あん分取得価額、自動車保険料及び本件ローン契約に基づく支払利息に相当する金額は、いずれも継続的に供与される経済的な利益であるため、法人税法施行令第69条《定期同額給与の範囲等》第1項第2号の規定により、法人税法第34条第1項に規定する定期同額給与とされ、本件各事業年度の所得の金額の計算上、その全額が損金の額に算入される。他方、本件車両関連費用のうち、自動車税、自動車取得税、自動車重量税及び本件ディーラーに対する手数料等は、継続的に供与される経済的な利益ではないため、法人税法第34条第1項に規定する定期同額給与に当たらないから、その全額が損金の額に算入されない。

2. 定期同額給与の事例検討　　47

　この裁決事例は、法人が負担した代表者の妻のみが使用する車両を購入した費用が、代表者に対する役員給与に該当するか否かで争われた事案です。結論としては、法人が車両を取得して、無償で代表者へ貸与していると認定されています。税務調査において、役員への給与認定を受けると、直ちに損金不算入になると想像されると思います。しかし、役員給与と認定された経済的な利益であっても、継続的に供与されるものは損金算入されて、継続的に供与されないものは損金不算入と判断されています。

　この裁決事例からは、法人が役員へ資産を無償貸与した場合において、その賃貸料相当額が役員給与として認定されても法人税法上は損金算入の余地があることが分かります。給与認定されたので源泉徴収漏れは避けられませんが、損金算入することができれば追徴税額は大幅に減額することができます。

Q 12　給与課税される年払保険料と定期同額給与

　当社（年1回3月決算）は、事業年度の途中から、役員に対して給与課税となる生命保険に加入する計画があります。保険料の支払方法には、年払いと月払いがあり、同じ保障であっても、年払いを選ぶと保険料が割安になるので、事業年度の途中に1年分の保険料を支払う予定ですが、定期同額給与として認められるでしょうか？

解説

　法人が役員等を被保険者及び保険金受取人とする生命保険契約を締結して、その保険料の全部又は一部を負担した場合のその負担する保険料相当額は、その役員への経済的な利益の供与として、給与課税の対象となります（45ページ【定期同額給与となる経済的な利益】⑨参照）。役員への経済的な利益の供与のうち、その経済的な利益の額が毎月おおむね一定であれば、定期同額給与となります。「定期同額給与の範囲等」は、

法人税法施行令69条に定められており、金銭で支払われる定期給与については第1項第1号で支給時期や改定時期に一定の制限を課しています。ご質問にある経済的な利益の額については第2号で定められており、支給時期及び改定時期についての制限は規定されないことから、支給開始時期などは問わないことになります。したがって、経済的な利益が定期同額給与に該当するか否かのポイントは、その供与される利益が毎月おおむね一定であるかどうかで判定します。

　ご質問のケースは、法人が支払う保険料が年払いなので、月々継続して支払われる訳ではありません。支払時期に注目すると毎月おおむね一定の要件には該当しないように思えます。しかし、「経済的な利益の額が毎月おおむね一定」という要件は、経済的な利益を受ける役員等において、享受する経済的な利益が毎月おおむね一定かどうかで判定します。つまり、保険料は年払いとして1年分を一括で支払ったとしても、保険料の対価としての保障は一括で享受するのではなく、1年間にわたって時の経過に応じて万遍なく受けることになります。そうすると、経済的な利益を受ける役員等にとっては、享受する経済的な利益が毎月おおむね一定といえますので、定期同額給与に該当することになります。

　ご質問のようなケースは、年払いの生命保険だけではなく、年払いの社宅家賃などでも同様のことがいえます。定期同額給与は、毎月同額の定期給与を支払わなければならないという先入観がある方も多いと思いますが、「経済的な利益の額が毎月おおむね一定」となる定期同額給与については、その支払時期は問わないので注意が必要です。

2. 定期同額給与の事例検討 　49

【国税庁質疑応答事例・法人が役員の子の授業料を一括して支出した場合（定期同額給与）】

【照会要旨】

当社は、役員に対して毎月同額の給与を支給するほか諸手当として、この役員の子が通う学校の授業料を負担することとし、1年分の授業料を一括して学校に支払っています。この諸手当は、定期同額給与に該当しますか。

なお、この諸手当は、所得税の課税対象とされる経済的な利益に該当することを前提とします。

【回答要旨】

お尋ねの諸手当は定期同額給与に該当します。

（理由）

1. 役員に対して継続的に供与される経済的利益のうち、その供与される利益の額が毎月おおむね一定であるものは、定期同額給与として、法人の各事業年度の所得の金額の計算上、損金の額に算入されます（法法34①一、④、法令69①二）。

   この「継続的に供与される経済的利益のうち、その供与される利益の額が毎月おおむね一定であるもの」とは、その役員が受ける経済的利益の額が毎月おおむね一定であるものをいい（法基通9-2-11）、負担した費用の支払形態や購入形態によりその該当性を判定するものではないと考えられます。

2. お尋ねの授業料については、一般に、在学契約に基づく学校側から学生に対する教育役務の提供等の対価と考えられており、授業料を支払うことにより、学生は在学期間中、継続的に教育役務の提供を受けることとなります。このような授業料の性質からすれば、本来であれば貴社の役員が負担すべき授業料を貴社が学校に支払うことによって、実質的に当該役員に対して給与を支給したのと同様の経済的効果が継続的にもたらされていると考えられます。また、この場合の継続的に供与される経済的な利益の額とは、役員の子が継続的に（毎月）受ける教育役務の提供等の対価に相当する額と考えられますので、その額は毎月おおむね一定であると考えられます。

したがって、お尋ねのように貴社が学校に対して一括で授業料を支払う場合であっても、その支払いにより供与される経済的利益は定期同額給与に該当することとなります。

定期同額給与とされることから、法人税法第34条を根拠に全額損金の額に算入されるべきと考えられます。

Q 13　定期同額給与となる年払保険料と短期前払費用

当社（年1回3月決算）は、決算直前に役員に対して給与課税となる生命保険に加入する計画があります。支払保険料が損金算入される年払いの生命保険料については、短期前払費用として、支払保険料の全額が支払時に損金算入されると思います。定期同額給与となる年払保険料でも同様の取扱いができるのでしょうか？

解説

短期前払費用とは、法人税基本通達2-2-14に定められている「短期の前払費用」の一般呼称です。この短期前払費用は、一定の要件を満たす場合には、翌期に係る役務提供であっても前払費用としないで、支払った日の属する事業年度の損金の額に算入することができます。

実務的に、保険料、家賃、地代などが短期前払費用として処理されることが多いです。ご質問のケースも年払いの生命保険料であることから、短期前払費用として処理することに問題がないようにも思えますが、生命保険が給与課税される経済的な利益であることを前提とすると違和感を覚える方が少なくありません。

給与課税される経済的な利益は、金銭等による定期給与ではありませんが、給与であることには変わりません。給与は基本的に労働等による役務提供の対価の後払いの性格を有していると考えられています。役員給与についても民法上の委任報酬は後払いが原則とされています。そうすると、後払いの性格を有する給与と先払いである短期前払費用は本質

的には真逆の性格を有するともいえます。

　給与課税される年払保険料を支払った場合には、その経済的な利益は、法人税法施行令 69 条 1 項 2 号によって定期同額給与として処理することになります（前事例にて確認済み）。定期同額給与として損金算入する要件は整っているけれども、給与の先払いとして翌期に対応する部分は前払費用として繰り延べる必要があると捉えると後払いの性格との整合性が保てます。

　しかし、法人税法 34 条において、定期同額給与に該当する役員給与は、損金の額に算入すると規定しており、例外的に経済的な利益に該当するものについては期間対応を求めているとまでは読み取れません。一方で、短期前払費用の根拠通達には、給与認定した費用には適用がないという除外規定は設けられていません。仮に、法人税法 34 条の適用の後に、期間対応が求められても、短期前払費用が適用できると考えられます。

　給与課税される 6 か月分のグリーン車定期券なども同様の課税関係となっていますが、実務的には、全額損金算入が認められています。さらに、上記の国税庁 HP で公開されている質疑応答事例においても、定期同額給与となる経済的な利益の損金性について紹介しており、法人が役員の子の授業料を一括で支払ったとしても、期間対応に触れず、定期同額給与として全額損金できるとしています。

　私見ではありますが、経済的利益を供与する法人側の処理としては、定期同額給与に該当する場合には、経済的利益の供与が 1 年以内のものについて、期間対応は問われないと考えています。したがって、ご質問のケースは年払保険料の額が過大と認定されない限りは、定期同額給与として損金算入することができると思います。

【年払保険が定期同額給与として支給時に損金算入する場合】

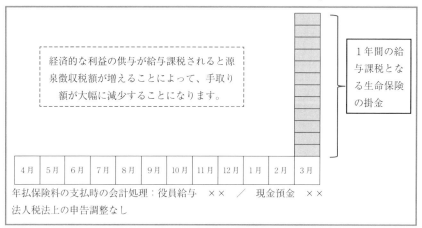

【保障期間との期間対応が求められて繰延経理をする場合】

【法人税法上の規定の当てはめ】

保険料	短期の前払費用	法基通2-2-14 短期の前払費用	全額損金
	期間対応	法法22④、企業会計原則	事業年度対応分のみ損金
役員給与・退職給与以外	定期同額給与	法法34①一、②、③、法令69	支給する給与は損金の額に算入する
	事前確定届出給与	法法34①二、②、③、法令69	
	業績連動給与	法法34①三、②、③、法令69	
	その他		損金不算入

III

事前確定届出給与

1. 概要

　事前確定届出給与とは、その役員の職務につき所定の時期に、①確定した額の金銭、②確定した数の株式（出資を含みます。以下同じ。）若しくは新株予約権又は③確定した額の金銭債権に係る特定譲渡制限付株式若しくは特定新株予約権を交付する旨の定め（以下「事前確定届出給与に関する定め」といいます。）に基づいて支給される給与で、定期同額給与及び業績連動給与のいずれにも該当しないもの（承継譲渡制限付株式又は承継新株予約権による給与を含み、次の(1)～(3)のいずれかに該当する場合には、該当するそれぞれの要件を満たすものに限られます。）をいいます（法法34①二）。

　なお、②確定した数の株式若しくは新株予約権又は③確定した額の金銭債権に係る特定譲渡制限付株式若しくは特定新株予約権を交付する旨の定めに基づいて支給される給与は、市場価格があるものが対象となっているので、中小企業の実務では使用することは考えられませんので、詳細な解説は割愛します。

(1)　届出が不要となる給与

　事前確定届出給与は、事前確定届出給与に関する届出をしていることが要件とされています。しかし、下記①、②に該当する給与については、事前確定届出給与に関する届出は必要ありません。

【届出不要となる給与】

① 定期給与を支給しない役員に対して同族会社に該当しない法人が支給する金銭による給与
② 株式又は新株予約権による給与で、将来の役務の提供に係る一定のもの

　将来の役務の提供に係る一定の給与とは、役員の職務につき株主総会、社員総会又はこれらに準ずるもの（以下「株主総会等」といいます。）の決議（その職務の執行の開始の日から1か月を経過する日までにされるものに限ります。）により事前確定届出給与に関する定め（その決議の日から1か月を経過する日までに、特定譲渡制限付株式又は特定新株予約権を交付する旨の定めに限ります。）をした場合のその定めに基づいて交付される特定譲渡制限付株式又は特定新株予約権による給与をいいます。

　なお、対象となる株式は、適格株式（市場価格のある株式（役員が職務に従事する法人に加え、関係法人の発行する株式を含みます。）をいいます。）のみとなります。

(2) 株式を交付する場合

　その株式が市場価格のある株式又は市場価格のある株式と交換される株式（その法人又は関係法人が発行したものに限ります。）であることが要件とされています。

(3) 新株予約権を交付する場合

　その新株予約権がその行使により市場価格のある株式が交付される新株予約権（その法人又は関係法人が発行したものに限ります。）であることが要件とされています。

2. 事前確定届出給与に関する届出期限

(1) 原則

　事前確定届出給与に関する定めをした場合は、原則として、次の①又は②のうちいずれか早い日（新設法人がその役員のその設立の時に開始する職務についてその定めをした場合にはその設立の日以後2月を経過する日）までに所定の届出書を提出する必要があります。

　① 　株主総会等の決議によりその定めをした場合におけるその決議をした日（その決議をした日が職務の執行を開始する日後である場合にはその開始する日）から1月を経過する日

　② 　その会計期間開始の日から4月（確定申告書の提出期限の延長の特例に係る税務署長の指定を受けている法人はその指定に係る月数に3を加えた月数）を経過する日

(2) 臨時改定事由が生じたことにより、新たに事前確定届出給与に関する定めをした場合

　臨時改定事由が生じたことにより、その臨時改定事由に係る役員の職務について事前確定届出給与に関する定めをした場合には、次に掲げる日のうちいずれか遅い日が届出期限です。

　① 　上記(1)の①又は②のうちいずれか早い日（新設法人にあっては、その設立の日以後2月を経過する日）

　② 　臨時改定事由が生じた日から1月を経過する日

(3) 事前確定届出給与に関する定めを変更する場合

　既に上記(1)又は(2)の届出をしている法人が、その届出をした事前確定届出給与に関する定めの内容を変更する場合において、その変更が次に掲げる事由に基因するものであるときのその変更後の定めの内容に関する届出の届出期限は、次に掲げる事由の区分に応じてそれぞれ次に掲げる日です。

①　臨時改定事由

　その事由が生じた日から1月を経過する日

②　業績悪化改定事由（給与の額を減額する場合に限ります。）

　その事由によりその定めの内容の変更に関する株主総会等の決議をした日から1月を経過する日（変更前の直前の届出に係る定めに基づく給与の支給の日がその1月を経過する日前にある場合には、その支給の日の前日）

(4) やむを得ない事情がある場合

　上記(1)から(3)までの届出期限までに届出がなかった場合においても、その届出がなかったことについてやむを得ない事情があると認めるときは、それらの届出期限までに届出があったものとして事前確定届出給与の損金算入をすることができます。

【事前確定届出給与に関する届出書】

届出事由	届出期限
原　　則	次に掲げるいずれか早い日から1月を経過する日までの期間（会計期間開始の日から4月を経過する日がリミット） ①　事前確定届出給与を定めた株主総会等の決議をした日 ②　職務の執行を開始した日
新設法人	その設立の日以後2月を経過する日

臨時改定事由	次に掲げるいずれか遅い日までの期間 ① 原則の届出期限 ② 臨時改定事由が生じた日から1月を経過する日

【原則：事前確定届出給与に係る届出書の提出期限】

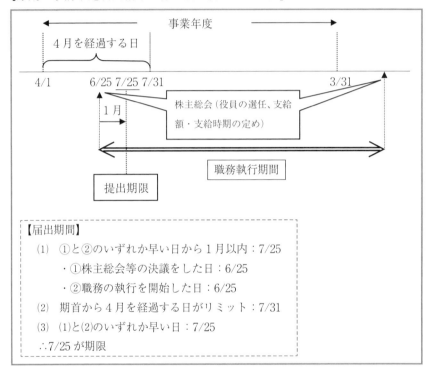

3. 事前確定届出給与の事例検討

　事前確定届出給与は、適正に手続きされた届出どおりに支給すれば課税上の問題は生じません。しかし、実務的には株主総会の決議等に基づく支給が必ずしも可能とは言い切れません。届出内容と異なる支給を行った場合や定期給与を減少して事前確定届出給与を増額した場合の影響などを検証します。

Q 14 「事前確定届出給与に関する届出書」を提出している法人が特定の役員に当該届出書の記載額と異なる支給をした場合

　当社（年1回3月決算の同族会社）は、所轄税務署に3名の取締役に係る役員給与について「事前確定届出給与に関する届出書」を提出期限内に提出しました。2名の取締役には当該届出書の記載額と同額を支給しましたが、業績が目標に達しなかった1名の取締役には当該届出書の記載額の半額を支給しました。この場合において、記載額の半額の支払いを受けた役員に係る臨時給与は損金算入できなくなると考えられます。一方で、他の役員に係る臨時給与についても同様に事前確定届出給与に該当しなくなるのでしょうか？

解説

　「事前確定届出給与に関する届出書」の記載額と同額を所定の時期に支給した他の役員に係る役員給与については、事前確定届出給与に該当し、損金算入することができます。

　法人税法34条1項2号では、「その役員の職務につき所定の時期に確定した額の金銭又は確定した数の株式（出資を含みます。）、新株予約権、確定した額の金銭債権に係る特定譲渡制限付株式又は特定新株予約権を交付する旨の定めに基づいて支給する給与」と規定されており、個々の

役員に係る給与について規定されています。事前確定届出給与に関する届出書が、複数の役員についても一括して1枚の届出書で提出するために、法人全体での判定と勘違いしやすい手続きとなっています。しかし、事前確定届出給与の要件を満たすか否かは、役員ごとの判定となるので、届出書に添付する付表ごとの判定ともいえます。

　結論として、特定の役員に対して当該届出書の記載額と異なる金額の役員給与を支給したとしても、そのことを理由として、他の役員に対して支給した役員給与が事前確定届出給与に該当しないとして損金不算入になることはありません。

Q 15　定めどおりに支給されたかどうかの判定（2事業年度にわたる複数回の支給）

　当社（年1回3月決算の同族会社）は、X年6月26日の定時株主総会において、取締役Aに対して、定期同額給与のほかに、同年12月25日及びX＋1年6月25日にそれぞれ200万円の金銭を支給する旨の定めを決議し、届出期限までに所轄税務署長へ届け出ました。

　この定めに従い、当社は、X年12月25日には200万円を支給しましたが、X＋1年6月25日には、資金繰りの都合がつかなくなるため、100万円しか支給しない可能性があります。この場合、X年12月25日に届出どおり支給した役員給与についても、損金の額に算入されないこととなるのでしょうか？

解説

　役員給与は定時株主総会から次の定時株主総会までの間の職務執行の対価であると解されますので、その支給が複数回にわたる場合であっても、定めどおりに支給されたかどうかは当該職務執行の期間を一つの単位として判定すべきであると考えられます。

　したがって、複数回の支給がある場合には、原則として、その職務執行期間に係る当該事業年度及び翌事業年度における支給について、その

すべての支給が定めどおりに行われたかどうかにより、事前確定届出給与に該当するかどうかを判定することとなります。

例えば、3月決算法人が、X年6月26日からX＋1年6月25日までを職務執行期間とする役員に対し、X年12月及びX＋1年6月にそれぞれ200万円の給与を支給することを定め、所轄税務署長に届け出た場合において、X年12月には100万円しか支給せず、X＋1年6月には満額の200万円を支給したときは、その職務執行期間に係る支給の全てが定めどおりに行われたとはいえないため、その支給額の全額（300万円）が事前確定届出給与には該当せず、損金不算入となります。

ただし、ご質問のように、3月決算法人が当該事業年度（X＋1年3月期）は定めどおりに支給したものの、翌事業年度（X＋2年3月期）において定めどおりに支給しなかった場合は、その定めどおりに支給しなかったことにより直前の事業年度（X＋1年3月期）の課税所得に影響を与えるものではないことから、事業年度ごとに区切って整理することになります。そうすると、当該事業年度（X＋1年3月期）に支給した200万円は損金算入することができますが、翌事業年度（X＋2年3月期）に支給した100万円が損金不算入となります。

【当期届出額どおり支給、翌期届出額の半額支給】

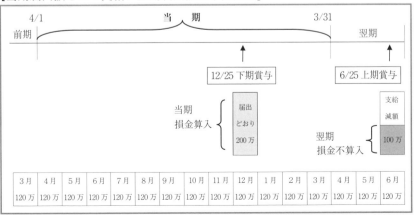

【当期届出額の半額支給、翌期届出どおり支給】

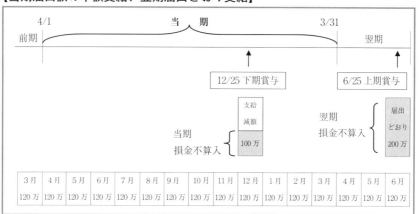

Q 16　事前確定届出給与と決算賞与

　当社（年1回3月決算の同族会社）は、X年6月26日の定時株主総会において、X＋1年6月25日に事前確定届出給与として200万円の金銭を支給する旨の定めを決議し、届出書を提出期限までに所轄税務署長へ届け出ました。

　業績が好調のために事前確定届出給与（200万円）のほかに、決算賞与として100万円を支給する計画があります。このような場合に損金算入額はいくらになるのでしょうか？

解説

　適正に事前確定届出給与の手続きが行われていることを前提として、事前に確定していた200万円と事後的に支給が決まった100万円は、区分して支給している限り200万円は事前確定届出給与として損金算入が可能と考えられます。

　事前確定届出給与は税務署長に届け出た金額と実際に支給した金額が異なる場合には、事前に確定していなかったものとして支給額の全額を損金不算入とする制度ですが、事前確定届出給与とは異なる給与の支給

を同時に行うことまで否定しているものではありません。一見、300万円の役員給与のように捉えてしまいますが、決議した株主総会も異なるので、支給明細などでも区分されていれば問題ないと考えられます。しかし、事前確定届出給与の額と別個のものを同時に支払うのは、疑義が生じる可能性がありますので、実務的には振込のタイミングを分けたり、振込の日付を別にしたりするなどの工夫を施すべきかと思います。

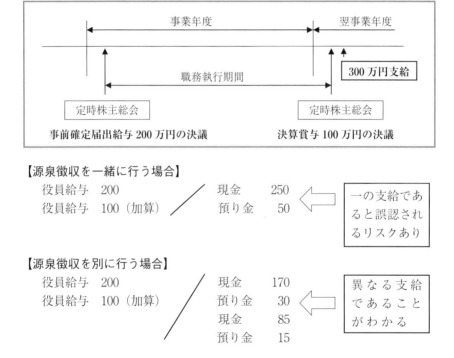

Q 17　事前確定届出給与を支給しなかった場合①(支給日前に支給の中止)

　当社（年1回3月決算の同族会社）は、X年6月26日の定時株主総会において、X年12月25日に事前確定届出給与として200万円の金銭を支給する旨の定めを決議し、届出書を提出期限までに所轄税務署長へ届け出ました。

しかし、業績が著しく悪化したので、X年10月10日に取締役会を開催して、事前確定届出給与の支給を取りやめる決議をし、支給対象者である役員から辞退の意思を同日に確認しました。適正に事前確定届出給与の手続きを終えた後に、支給しないことを決めた場合には、税務上はどのような取扱いになるのでしょうか？

解説

　事前確定届出給与は、届出額と異なる金額を支給すると、その支給額の全額が損金不算入となりますので、事前確定届出給与に関する届出書を提出すると、実務的には届出額を支払うか、支払いをやめるかの選択となります。

　ご質問のケースであれば、支給日前に支給をやめているので支給額がゼロとなり、損金不算入となる金額がないので、特別な処理は不要となります。

　一方で、事前確定届出給与の受領者であった役員においては、事後的に事前確定届出給与の支給が無くなったとしても、定時株主総会の決議によって、役員給与請求権が生じていたのではないかという疑問が生じます。役員給与請求権が発生しているのであれば、役員側での課税関係に発展することになります。しかし、所得税基本通達28-10において「給与等の支払を受けるべき者がその給与等の全部又は一部の受領を辞退した場合には、その支給期の到来前に辞退の意思を明示して辞退したものに限り、課税しないものとする。」と定められていることから、支給日の到来前に支給側と受領側で合意の上で支給を取りやめれば、課税上の問題は生じないことが読み取れます。

　したがって、ご質問のケースでは、支給側の法人と受領側の役員の双方において、課税上の問題は生じないことになります。

3. 事前確定届出給与の事例検討   65

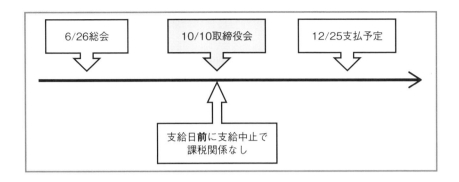

＜所得税基本通達 28-10　給与等の受領を辞退した場合＞

　給与等の支払を受けるべき者がその給与等の全部又は一部の受領を辞退した場合には、その支給期の到来前に辞退の意思を明示して辞退したものに限り、課税しないものとする。
（注）既に支給期が到来した給与等の受領を辞退した場合については、181〜223 共 -2 及び 181〜223 共 -3 参照

Q 18　事前確定届出給与を支給しなかった場合②（支給日後に支給の中止）

　当社（年 1 回 3 月決算の同族会社）は、X 年 6 月 26 日の定時株主総会において、X 年 12 月 25 日に事前確定届出給与として 200 万円の金銭を支給する旨の定めを決議し、届出書を提出期限までに所轄税務署長へ届け出ました。
　しかし、業績が著しく悪化したので、X ＋ 1 年 1 月 10 日に取締役会を開催して、既に支給日を経過した事前確定届出給与の支給を取りやめる決議をし、支給対象者である役員から辞退の意思を同日に確認しました。適正に事前確定届出給与の手続きを終えた後に、支給日の後に支給しないことを決めた場合には、税務上はどのような取扱いになるのでしょうか？

解説

　事前確定届出給与に関する届出書に記載したとおりに支給が行われて

いないので、支給額の全額が損金不算入となります。ご質問のケースで
あれば、支給日の後に支給を取りやめているので実際の支給額はゼロと
なっていますが、支給日に事前確定届出給与に係る支払義務が顕在化す
ることになり、支給日に確定債務として債務の認識が求められます。そ
の後の取締役会で支給の取りやめを決議して、支給対象者である役員か
ら辞退の意思表示があったことで、事前確定届出給与に係る債務免除を
認識することになります。このような時系列であると、まず債務の確定
が先行して、事後的に免除を受けているので、費用処理された事前確定
届出給与が損金不算入となり、債務免除益が益金算入となるのではない
かという疑問が生じます。しかし、役員給与の損金不算入の規定によっ
て損金不算入となった未払給与に係る債務免除益を益金算入すると担税
力のない不適切な課税所得が生じます。そのために、業況不振などの一
定の理由がある場合には、法人税基本通達4-2-3の規定によって益金不
算入となります。したがって、ご質問のケースでは、業績が著しく悪化
しているので、費用である事前確定届出給与が損金不算入となっても、
収益である債務免除益が益金不算入なので、結果としては法人税上の課
税所得には影響がないことになります。しかし、支払わない理由などが
同通達の要件を満たさない場合には、債務免除益が益金算入するので、
課税所得が増加することになります。

　一方で、事前確定届出給与の受領者であった役員においては、事後的
に事前確定届出給与の支給が無くなっても定時株主総会の決議によって
定められた役員給与請求権があり、その権利は支給日において確定して
います。給与所得の収入金額は、所得税基本通達36-9において株主総
会の決議等により支給日が定められている給与等については、その支給
日に認識するとされています。したがって、支給日を経過した時点で、
受領者である役員は収入として認識することになるので、年末調整や確
定申告への影響が避けられません。

　ご質問のケースのように、支給日の後に受領を辞退した場合であって

も、所得税基本通達181 〜 223共-2において、「給与等その他の源泉徴収の対象となるものの支払者が、当該源泉徴収の対象となるもので未払のものにつきその支払債務の免除を受けた場合には、当該債務の免除を受けた時においてその支払があったものとして源泉徴収を行うものとする。」と定められていることから、支払いがあったものとして源泉徴収義務が生じることになります。なお、同通達181 〜 223共-3において、支給側である法人の財務状況が悪く、一般債権者の損失を軽減するためその立場上やむなく辞退したのであれば、源泉徴収をする必要はないとしています。しかし、同通達の例示は、破産手続開始の決定など、通常の営業ができていないような状況であることから、実務的にはこの通達で源泉徴収義務が免除されることは多くはないと思われます。

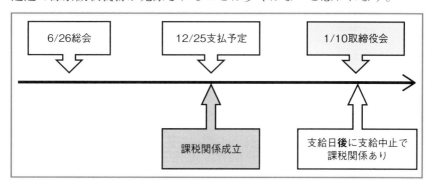

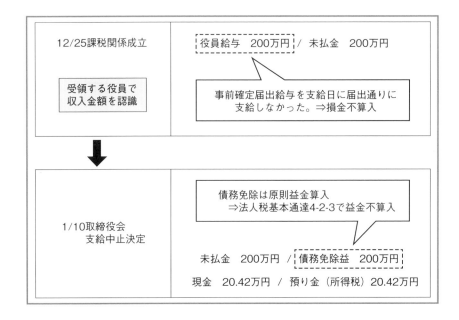

＜法人税基本通達4-2-3　未払給与を支払わないこととした場合の特例＞

　法人が未払給与（法第34条第1項《役員給与の損金不算入》の規定により損金の額に算入されない給与に限る。）につき取締役会等の決議に基づきその全部又は大部分の金額を支払わないこととした場合において、その支払わないことがいわゆる会社の整理、事業の再建及び業況不振のためのものであり、かつ、その支払われないこととなる金額がその支払を受ける金額に応じて計算されている等一定の基準によって決定されたものであるときは、その支払わないこととなった金額（その給与について徴収される所得税額があるときは、当該税額を控除した金額）については、その支払わないことが確定した日の属する事業年度の益金の額に算入しないことができるものとする。

（注）法人が未払配当金を支払わないこととした場合のその支払わないこととなった金額については、本文の取扱いの適用がないことに留意する。

＜所得税基本通達181 ～ 223 共 -2　支払者が債務免除を受けた場合の源泉徴収＞

給与等その他の源泉徴収の対象となるものの支払者が、当該源泉徴収の対象となるもので未払のものにつきその支払債務の免除を受けた場合には、当該債務の免除を受けた時においてその支払があったものとして源泉徴収を行うものとする。ただし、当該債務の免除が当該支払者の債務超過の状態が相当期間継続しその支払をすることができないと認められる場合に行われたものであるときは、この限りでない。

(注)　支払の確定した日から１年を経過した日において支払があったものとみなされた未払の配当等又は利益処分の賞与等につき同日後において上記ただし書に該当する債務の免除が行われても、当該配当等又は賞与等につき源泉徴収をした税額は、当該源泉徴収をした徴収義務者に還付する過誤納金とはならないが、当該免除をした者については法第64条第１項《資産の譲渡代金が回収不能となった場合等の所得計算の特例》の規定の適用があることに留意する。

＜所得税基本通達181 ～ 223 共 -3　役員が未払賞与等の受領を辞退した場合＞

役員が、次に掲げるような特殊な事情の下において、一般債権者の損失を軽減するためその立場上やむなく、自己が役員となっている法人から受けるべき賞与等その他の源泉徴収の対象となるもので未払のものの受領を辞退した場合には、当該辞退により支払わないこととなった部分については、源泉徴収をしなくて差し支えない。

⑴　当該法人が商法の規定による会社の整理開始の命令又は特別清算の開始の命令を受けたこと。

⑵　当該法人が破産手続開始の決定を受けたこと。

⑶　当該法人が民事再生法の規定による再生手続開始の決定を受けたこと。

⑷　当該法人が会社更生法の規定による更生手続の開始決定を受けたこと。

70　　Ⅲ　事前確定届出給与

(5)　当該法人が事業不振のため会社整理の状態に陥り、債権者集会等の
協議決定により債務の切捨てを行ったこと。

Q 19　事前確定届出給与を利用した社会保険料の負担軽減策

　当社（年１回３月決算、本社東京都）は、代表取締役の役員給与につい
て、今年度は年額1,800万円を、月々150万円としていましたが、来年度
の役員給与については、総額は変えずに、毎月の定期給与の額を10万円
とし、７月に1,680万円の事前確定届出給与を支給するように変更したい
と考えています。この変更は、「社会保険料の会社負担を軽減するため」
が目的ですが、税務上はどのような取扱いになるのでしょうか？

解説

　社会保険料の会社負担を軽減するために役員給与の支給方法を変更す
ることについては、現行制度において、これを明確に規制するようなも
のはないようです。

　株主総会において承認された役員給与について、それぞれの役員に対
して、いくらを定期同額給与として支給するか、いくらを事前確定届出
給与として支給するかなどの支給方法については、会社の自由とされて
いて、法人税法上の制限はありません。

　法人税法上の個別規定としては、定期同額給与であれば、定期給与の
額が変更しないこと、金額の改定が通常改定、臨時改定事由又は業績悪
化改定事由のいずれかに該当すること、事前確定届出給与であれば届出
書の内容に沿った支給であることが求められます。

　一方で、定期同額給与や事前確定届出給与の要件を満たしたとして
も、法人税法34条２項の規定によって、不相当に高額な部分の金額に
ついては過大役員給与として損金不算入となります。

　過大役員給与に該当するか否かは、各事業年度において役員に対して
支給した給与の額が、その役員の職務に対する対価として相当であるか

3. 事前確定届出給与の事例検討　　71

どうかを基準に判定します。法人税法 34 条 2 項の規定では、「内国法人
がその役員に対して支給する給与の額のうち不相当に高額な部分の金
額」とされており、定期同額給与と事前確定届出給与とを区分して過大
かどうかの判定を行うようには読み取れません。したがって、過大役員
給与の判定では、定期同額給与と事前確定届出給与との内訳は問われる
ことがなく、その事業年度に支給した給与の総額が判定基準となると考
えられます。

　ご質問のケースでは、代表取締役の職務執行の対価として年間 1,800
万円の役員給与が過大でなく、適正に経理されていれば法人税法上の問
題は生じないと思います。

　なお、社会保険料への影響としては、月々 150 万円の定期給与だとす
ると、健康保険料に係る標準報酬月額は 139 万円となって、従業員負担
額は 81,037 円となります。厚生年金保険に係る標準報酬月額は 62 万円
となって、従業員負担額は 56,730 円となります。月々の従業員負担額
は 137,767 円となり、年間の負担額は 1,653,204 円となります。月々 150
万円の定期給与だと標準報酬月額の上限を超えているので、社会保険料
の負担が生じない部分が少し発生しています。

　一方で、月々 10 万円の定期給与だとすると、健康保険料に係る標準
報酬月額は 9.8 万円となって、従業員負担額は 5,713 円となります。厚
生年金保険に係る標準報酬月額も 9.8 万円となって、従業員負担額は
8,967 円となります。月々の従業員負担額は 14,680 円となり、年間の負
担額は 176,160 円となります。事前確定届出給与 1,680 万円については、
社会保険保険料の計算においては賞与として捉えることから、計算方法
が異なります。賞与にかかる保険料は、実際に支払われた賞与額から
1,000 円未満を切り捨てた額を「標準賞与額」とし、その「標準賞与
額」に健康保険・厚生年金保険の保険料率を乗じた額となります。重要
なポイントは、標準賞与額の上限が高くないことです。健康保険では年
度の累計額 573 万円（年度は毎年 4 月 1 日から翌日 3 月 31 日まで）、厚生

年金保険は1回あたり150万円とされています。したがって、標準賞与額の上限を超える部分については、社会保険料の負担が生じない仕組みになっているので、1,680万円の賞与に掛かる社会保険料が471,309円となります。月々10万円の定期給与と1,680万円の事前確定届出給与とした場合の従業員の年間負担額は647,469円となります。

支給形態	支給総額	年間社会保険料	賞与社会保険料	社会保険合計
月々150万円	1,800万円	137,767円×12月 =1,653,204円	0円	1,653,204円
月々10万、 賞与1,680万円	1,800万円	14,680円×12月 =176,160円	471,309円	647,469円

* 健康保険年間573万円、厚生年金保険1回150万円が上限となります。
  健康保険：573万円×11.66%×1/2＝334,059円
  厚生年金保険：150万円×18.30%×1/2＝137,250円

【月々150万円（年間1,800万円）】

4月	5月	6月	7月	8月	9月	10月	11月	12月	1月	2月	3月
150万	150万	150万	150万	150万	150万	150万	150万	150万	150万	150万	150万

｝負担なし

　社会保険料を計算する際の標準報酬月額、標準賞与額には上限が設けられていて、上限を超えた部分については、社会保険料が課されない制度になっています。健康保険に係る標準報酬月額の上限は139万円で、厚生年金保険に係る標準報酬月額の上限は65万円です。月々150万円の定期給与だと上限を超えているので、上限を超えて社会保険が課されない部分を網掛として表示しています。

【月々10万円、賞与1,680万円（年間1,800万円）】

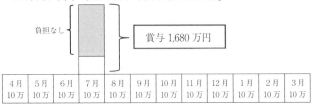

4月	5月	6月	7月	8月	9月	10月	11月	12月	1月	2月	3月
10万	10万	10万	10万	10万	10万	10万	10万	10万	10万	10万	10万

　健康保険に係る標準賞与額の上限は573万円であることから1,680万円の賞与を支給すると1,107万円部分には社会保険が課されないことになります。上記の図表では、上限を超えて社会保険が課されない部分を網掛として表示しています。

3. 事前確定届出給与の事例検討　　73

Q 20 事前確定届出給与の額を増やして定期同額給与の額を少なくした場合

前問 Q19 のように、事前確定届出給与の額を増やし、定期同額給与の額を少なくしても、役員給与の損金算入には問題ないようですが、将来的に他の規定などで税務上の不利益が生じる可能性はありますか？

解説

　事前確定届出給与の額を増やして、定期同額給与の額を少なくしたとしても、各事業年度の役員給与の総額は変わりませんので、過大役員給与の判定結果は変わりません。したがって、事前確定届出給与の額と定期同額給与の額の内訳を変更しても、法人税法上の課税所得は変化しないことになります。

　しかし、功績倍率法による役員退職給与の適正額と相続税法基本通達 3-20 に基づく弔慰金等の適正額に影響を及ぼす可能性があります。

(1) 功績倍率法

　功績倍率法における「退職時の最終報酬月額×勤続年数×功績倍率」の算式においては、最終報酬月額は退職した役員の功績を最も反映した結果であることが前提となります。ご質問のケースでは、単純に実際に支払った最終月額報酬で計算すると 10 万円をベースとすることになります。しかし、裁判例などでは、最終報酬月額がこれまでの功績を反映していることを前提としており、月々 10 万円が適正な報酬でなければ、単純に 10 万円を最終報酬月額として功績倍率法を適用することはありません。実務的には、最終報酬月額を修正して功績倍率法を適用することも視野に入れるべきです。

　なお、功績倍率法における最終報酬月額を修正する際に、事前確定届出給与の額を含めて計算することができるか否かについては、現状課税庁サイドから明確な指針は出ていません（詳細はⅣ役員退職給与）。

74　Ⅲ　事前確定届出給与

(2)　弔慰金等の適正額

　相続税法基本通達3-20では、被相続人の死亡が業務上の死亡であるときは、その雇用主等から受ける弔慰金等のうち、当該被相続人の死亡当時における賞与以外の普通給与（俸給、給料、賃金、扶養手当、勤務地手当、特殊勤務地手当等の合計額をいいます。）の3年分を、被相続人の死亡が業務上の死亡でないときは、半年分をみなし相続財産に含めないことが認められています。

　支払う法人側としては、同通達に基づいて計算された弔慰金等の範囲であれば、役員退職給与に含めずに、福利厚生費としての損金算入が認められています。同通達に基づく計算では、賞与以外の普通給与と定めているので事前確定届出給与を含めないで定期給与のみで計算するようにも読み取れます。一方で、事前確定届出給与は、同通達における賞与に該当しないので、定期給与に事前確定届出給与を月割した金額を普通給与として計算するとの見解もあります（詳細はⅤ特殊な役員退職金）。

Q 21　退職した役員への事前確定届出給与の支給

　当社（年1回3月決算）は、取締役が体調不良のために11月末日をもって急遽退任したことに伴い、役員退職給与として1,000万円の支給を臨時株主総会で決議して、来年の1月上旬に支払う予定です。この度退任する役員には、事前確定届出給与として12月10日に100万円を支払う予定がありましたが、支給日に退任している元役員に事前確定届出給与を支払うことは可能でしょうか？　また、100万円が役員退職給与の一部として認定される可能性はありますか？

解説

　事前確定届出給与は、職務執行の対価である役員給与のうち、支給額を損金算入することができる支給形態のひとつです。事前確定届出給与に関する届出書を所定の時期までに提出して、その届出の内容に記載し

た支給時期に確定した額の支給が行われれば基本的に損金算入されます。

　事前確定届出給与は、職務執行の対価である役員給与の支給形態のひとつであっても、その職務執行期間がいつからいつまでであるかは問われていません。ご質問のケースであれば、定時株主総会の日から退任日までは職務を執行していたので、事前確定届出給与に関する届出書に基づいて事前確定届出給与の支給が可能となります。

　ご質問のケースのように、実際の支給時期に退任していると事前確定届出給与の支給ではなく、役員退職給与として認定されるのではないかとの疑問が湧いてきます。しかし、各事業年度における職務執行の対価である役員給与は、職務執行開始日である定時株主総会において支給金額が決まりますが、役員退職給与は役員の退職に伴って確定するものであって、役員の退職に基因して支払われる給与と解されています。つまり、いつ支給するかではなく、支給原因が何か、どのような経緯で確定したかによって、役員給与と役員退職給与を区分することになります。ご質問のケースであれば、退職後に支給される給与であっても、12月10日に支給する100万円は役員退職給与ではなく、事前確定届出給与として認識することになります。

　なお、所得税基本通達30-1において、退職者へ支給する給与が賞与なのか退職手当等なのかについて、退職に際し又は退職後に使用者等から支払われる給与で、その支払金額の計算基準等からみて、他の引き続き勤務している者に支払われる賞与等と同性質であるものは、退職手当等に該当しないと定められています。ご質問のケースに当てはめると、12月10日に支給する100万円は退任していなければ届出どおりに支給する事前確定届出給与であったことからすると役員退職給与には該当せず、退職後の支給であっても事前確定届出給与として整理することになります。

76 Ⅲ 事前確定届出給与

＜所得税基本通達 30-1 退職手当等の範囲＞

退職手当等とは、本来退職しなかったとしたならば支払われなかったもので、退職したことに基因して一時に支払われることとなった給与をいう。従って、退職に際し又は退職後に使用者等から支払われる給与で、その支払金額の計算基準等からみて、他の引き続き勤務している者に支払われる賞与等と同性質であるものは、退職手当等に該当しないことに留意する。

Q 22 退職した役員への事前確定届出給与の減額支給

当社（年 1 回 3 月決算）は、取締役が体調不良のために 11 月末日をもって急遽退任しました。この度退任する役員には、事前確定届出給与として 12 月 10 日に 100 万円を支払う予定がありましたが、当初予定した職務執行ができないので、半額の 50 万円を支給する予定です。支給日に退任している元役員に届出額から減額した事前確定届出給与を支払うことは可能でしょうか？

解説

支給日前に役員を退任したとしても事前確定届出給与の支給が可能であることは、前問 Q 21 で確認しました。ご質問のケースのように、中途退任に伴って当初の職務執行期間が短縮されることから、当初支給する予定であった臨時給与を減額して支給することも考えられます。すでに事前確定届出給与に関する届出書を提出していることから、届出金額と同額の支給でなければ事前確定届出給与として損金算入することはできません。しかし、役員の退任が臨時改定事由に該当するのであれば、変更届出書等を提出することで減額後の金額を支給することも可能となります。

法人税基本通達 9-2-12 の 3 では、臨時改定事由に該当する「役員の職制上の地位の変更、その役員の職務の内容の重大な変更その他これらに類するやむを得ない事情」として、定時株主総会後、次の定時株主総

会までの間において社長が退任したことに伴い臨時株主総会の決議により副社長が社長に就任する場合などを例示に挙げています。したがって、職務執行期間の途中において、役員が急遽退任した場合も「役員の職制上の地位の変更、・・・その他これらに類するやむを得ない事情」に該当すると考えられますので、事前確定届出給与に関する変更届出書を退任してから1月を経過する日までに所轄税務署に提出することで事前確定届出給与の減額支給が可能と考えられます。

IV

役員退職給与

1. 損金算入要件

　役員退職給与は、中小企業の経営者にとって最大の関心事のひとつであって、法人税の課税所得へ与える影響も大きいことから、税務調査において否認が許されない最重要項目とされています。役員退職給与の損金算入要件については、平成18年度の税制改正によって、損金経理要件がなくなり、支給額が不相当に高額でなければ損金算入することができることになりました（法法34②）。したがって、実務的な役員退職給与の注意点は、①退職の事実、②株主総会等の決議、③金額の妥当性、④損金算入時期などとなります。

　しかし、平成29年度税制改正において「退職給与で業績連動給与に該当するもの」については、業績連動給与としての要件を満たさないと損金算入することができないことになりました。業績連動給与は、その算定方法の内容が、報酬委員会のその算定方法の決定等の日以後遅滞なく、有価証券報告書に記載されていることなどが要件とされています。有価証券報告書を作成しない中小企業にとっては、業績連動給与に該当してしまうと損金算入することができないことになります。

　したがって、中小企業が支給する役員退職金は、「退職給与で業績連動給与に該当しない退職給与」である必要があります。役員退職給与の適正額を計算する場合には、退職の直前に支給した給与の額（最終月額報酬）を基礎として、その役員の業務に従事した期間（勤続年数）及び役員の職責に応じ定められた倍率（功績倍率）を乗じて退職給与の額を算定する方法（いわゆる功績倍率法）を利用するのが一般化しています。この功績倍率法による方法が業績連動給与に該当するとこれまでの実務慣習を変える必要が生じてしまいます。しかし、法人税基本通達9-2-27の2（99ページ参照）において、功績倍率は一般的に退職する役員のこれまでの法人に対する功績や法人の退職給与支払能力など、最終報酬

月額及び勤続年数以外の退職給与の額に影響を及ぼす一切の事情を総合評価した係数と考えられることから、功績倍率を乗じて算定される退職給与は業績連動給与には該当しないことが明らかにされています。

　しかし、同通達では功績倍率法を「役員の退職の直前に支給した給与の額を基礎として、役員の法人の業務に従事した期間及び役員の職責に応じた倍率を乗ずる方法により支給する金額が算定される方法」と定義されています。この「職責」については、慣例的に定められている場合や経済状況等によって変動する場合もあるなど、その決め方は幅広いものと考えられます。そのため、仮に法人が用いている功績倍率が業績連動給与に該当することとなる利益の状況を示す指標等を基礎として算定されるものである場合には、業績連動給与に該当してしまうケースも考えられます。

　具体的に「退職給与で業績連動給与に該当するもの」の例示などは明らかにされていませんが、役員退職給与の算定基準に①在任中における歩合給の要素、②純資産増加への貢献度などが含まれていると、業績連動給与の疑いがあると思われます。

＜法人税法 34 条　役員給与の損金不算入（平成 29 年度税制改正後）＞

　内国法人がその役員に対して支給する給与（退職給与で業績連動給与に該当しないもの、使用人としての職務を有する役員に対して支給する当該職務に対するもの及び第 3 項の規定の適用があるものを除く。以下この項において同じ。）のうち次に掲げる給与のいずれにも該当しないものの額は、その内国法人の各事業年度の所得の金額の計算上、損金の額に算入しない。

　（以下省略）

※　退職給与で業績連動給与に該当しないものは、損金算入が認められる 3 形態に該当しなくても、損金算入が認められます。しかし、退職給与が業績連動給与に該当すると業績連動給与としての要件が求められます。

2. 損金算入時期

　役員退職給与も「職務執行の対価」として支給することから会社法361条の規定に基づき株主総会の決議等が必要になります。したがって、法人としては株主総会の決議等を経て、債務が確定することになります。法人税基本通達2-2-12の「債務の確定の判定」において、債務確定基準と称される原則的な基準が定められていますが、この債務確定基準の観点からも株主総会の決議等があった日の属する事業年度が損金算入時期になることは異論がないと思います。

　しかし、株主総会の招集が困難な場合において、役員退職給与の損金算入時期を株主総会等の決議日以外に認めないと、損金算入時期が不当に遅れることになります。例えば、社内的に役員退職給与規程に基づいて役員退職給与を支給した場合において、何かしらの事情で株主総会等が延期になってしまうと、支払済みであっても債務が確定しないので前払金として資産計上が求められてしまいます。退職給与の支給時期に源泉徴収がされ、また死亡退職給与であれば、みなし相続財産として相続税の課税対象になるにも関わらず、法人税法上は株主総会の決議等を経ていないので債務未確定として損金算入しないのは、実態に即していません。そこで、法人税基本通達9-2-28において、前段は原則的な債務確定基準である株主総会等の決議の日としつつも、後段で損金経理を条件として、支払った日の属する事業年度での損金算入を認めています。この通達によって、役員退職給与の損金算入時期は、①株主総会等の決議に基づく債務確定ベースと②実際に支払ったことに基づく支払ベースの2つの方法から選択することが認められています。

＜法人税基本通達 2-2-12　債務の確定の判定＞

　法第 22 条第 3 項第 2 号《損金の額に算入される販売費等》の償却費以
外の費用で当該事業年度終了の日までに債務が確定しているものとは、別
に定めるものを除き、次に掲げる要件のすべてに該当するものとする。
　(1)　当該事業年度終了の日までに当該費用に係る債務が成立しているこ
　　　と。
　(2)　当該事業年度終了の日までに当該債務に基づいて具体的な給付をす
　　　べき原因となる事実が発生していること。
　(3)　当該事業年度終了の日までにその金額を合理的に算定することがで
　　　きるものであること。

＜法人税基本通達 9-2-28　役員に対する退職金の損金算入の時期＞

　退職した役員に対する退職給与の額の損金算入の時期は、株主総会の決
議等によりその額が具体的に確定した日の属する事業年度とする。ただ
し、法人がその退職給与の額を支払った日の属する事業年度においてその
支払った額につき損金経理をした場合には、これを認める。

3. 損金算入時期の事例検討

　役員退職給与の実務は、損金計上額が高額になることからも中小企業における税務上のテーマで最も重要なもののひとつとされています。しかし、役員退職給与の支給は、継続的に支給される定期同額給与や事前確定届出給与などとは異なり、臨時的な事象であることから、実務家にとっても多くの経験を積むことは容易ではありません。そこで事例を用いて実務的に問題になりそうな変則的な支給方法における課税上の取扱いを検証します。

Q 23　役員退職給与と議事録の信憑性

　当社（年1回3月決算）は、代表取締役が退任したことに伴い、役員退職給与として3,000万円の支給を株主総会で決議しました。当社は中小企業で株主も数名しかいないので、議事録を作成するのは商業登記のためだけです。役員退職給与の支給の時には、必ず議事録を作成しなければならないのでしょうか？

解説

　多くの中小企業において、株主は特定の親族で構成されていて、あえて株主総会の招集通知などの手続きを経なくても、日々の話し合いが株主総会のようなものになっていることが想像できます。実際に株主総会が開催されたかを証明する場合には、まず議事録を確認することになります。会社法上、「株主総会の議事については、法務省令で定めるところにより、議事録を作成しなければならない。」、「株式会社は、株主総会の日から10年間、議事録をその本店に備え置かなければならない。」と規定されていることから議事録の作成は必須です。

　法人税法上の規定では、株主総会の決議等で役員退職給与の額が確定

していれば、損金算入の要件は満たすことになり、議事録の具備が損金算入の要件とはなっていません。しかし、株主総会の決議等があったか否かを容易に説明するためには、正確な議事録の作成が求められます。

実務的には、税務調査で株主総会等の議事録の提示が求められることも少なくありません。株主総会等の議事録を提示しても、議事録の存否及びその記載内容の確認のみで、実際の開催の日時、時間、出席者等の正確性まで問われないことが多いと思います。しかし、議事録の信憑性に欠けることから取締役会の決議がなかったとして、役員退職給与が否認された下記のような事例があります。最終的には、手帳などから実際の取締役会の開催日時が確認できたので是認されていますが、議事録の重要性を再確認させられる事案です。

実務的にも、議事録の作成を司法書士に依頼して、日付、開催時間、出席人数などは適当になっていることは少なくないようです。登記申請のためだけに議事録を作成するのであれば、実害はないかも知れませんが、税理士事務所が作成した議事録の信憑性が問われるような事態は避けなければならないでしょう。

【平成 10 年 12 月 15 日裁決（抜粋）・TAINS コード：F0-2-082】

単に、取締役会議事録の記載内容が事実と異なることから、取締役会が開催された事実は認められない旨の原処分庁の主張には理由がないとして、更正処分の全部を取り消した事例	
原処分庁の主張	請求人の主張
(イ)　請求人に対する税務調査（以下「本件調査」という。）の結果、本件取締役会議事録は、記載内容が事実と相違していることから、本件取締役会が開催された事実は認められず、本件役員退職金の支	(イ)　平成 9 年 3 月 3 日に開催した臨時株主総会（以下「本件株主総会」という。）において、本件役員退職金の支給については取締役会に一任する旨の決議がなされたのを受けて、平成 9 年 3 月 28 日に開催した取締役

給に関する決議がされたとは認められない。

(ハ) なお、請求人は、本件取締役会議事録は形式的に作成されたものであり、その記載内容が事実と相違している旨の主張を、本件調査の際原処分庁の調査担当職員に対してしておらず、平成10年4月1日付の原処分庁の意見書において、本件取締役会が開催されていないことを指摘した後、その主張をしていることから、本件取締役会の開催の事実については信ぴょう性がなく請求人の主張は失当である。

会（以下「本件取締役会」という。）において本件役員退職金の支給額を52,800,000円と決定したこと。

(ロ) 本件取締役会の開催及び決議内容を明らかにする資料として、平成9年3月28日付の取締役会議事録（以下「本件取締役会議事録」という。）があること。

(ハ) 請求人は、以前から形式的に株主総会あるいは取締役会の議事録作成を■■■■司法書士に依頼しており、同議事録の内容は開催時刻は昼前、役員はすべて出席、議長は代表取締役■■■■（以下「■■■■」という。）であるとなっている。

国税不服審判所の判断

(イ) 本件取締役会の開催等

A 本件事業年度前の各事業年度の取締役会議事録における開催時刻、出席者及び議長名は、全て慣例的に作成されたものと認められること。

B ■■■■の手帳によれば、平成9年3月28日の予定として午後6時から取締役会の開催が予定されていることを同人が記憶するために記載したものと認められること。

E 本件取締役会議事録の記載内容は誤りであり、事実は、前記のとおりである旨の請求人の主張は信ぴょう性があり、単に、本件取締役会議事録の記載内容が事実と異なることから、本件取締役会が開催された事実は認められない旨の原処分庁の主張には理由がなく採用できない。

3.　損金算入時期の事例検討　　87

Q 24　役員退職給与を分割支給した場合の損金算入時期

　当社（年1回3月決算）は、代表取締役が退任したことに伴い、役員退職給与として 3,000 万円の支給を株主総会で決議しました。支給方法について、新しい代表取締役から資金繰りの都合があるので、3 年間にわたる分割支給にしたいとの要望がありました。当期に 3,000 万円を全額未払計上すべきでしょうか？それとも毎年支給する都度退職給与として費用計上することも可能でしょうか？

　また、役員退職給与を支給した場合には、そのような手続きが必要でしょうか？

解説

　株主総会等で役員退職給与として 3,000 万円の支給が決議されていますので、株主総会のあった日の属する事業年度に全額を損金算入することができます。また、分割支給する場合には、支給する都度に退職給与として損金経理することで、損金算入時期を分割することも認められます。

　会計的には、①全額未払計上して、未払金を取り崩して支給する方法と②支給する都度に退職給与として費用処理する方法が考えられます。

　実務的には、役員退職給与の支給は、生命保険の解約時期や株価下落に伴う株式を承継するタイミングに影響を与えるので、計画的に進められることが一般的で、会計的にも全額未払計上して、全額損金算入させることが多いと思います。

　しかし、役員退職給与を未払計上する場合には、どの程度の期間にわたって分割することができるかは明らかではありません。分割による支給期間が極端に長期間にわたるものである場合には、仮にその退職給与の総額が過大ではないとしても、当初からその額が債務として確定していたかどうかが問われることも考えられますので、できるだけ短期間に収めるようにすべきでしょう。

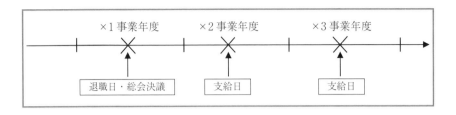

決議事業年度に未払計上した場合（法基通9-2-28 前段）

事業年度	会計仕訳	申告調整
×1事業年度	退職金 ×× ／ 未払金 ××	なし
×2事業年度	未払金 ×× ／ 現金 ××	なし
×3事業年度	未払金 ×× ／ 現金 ××	なし

支給事業年度に費用計上した場合（法基通9-2-28 前段）

事業年度	会計仕訳	申告調整
×1事業年度	仕訳なし	減算・留保
×2事業年度	退職金 ×× ／ 現金 ××	加算・留保
×3事業年度	退職金 ×× ／ 現金 ××	加算・留保

支給事業年度に費用計上した場合（法基通9-2-28 後段）

事業年度	会計仕訳	申告調整
×1事業年度	仕訳なし	なし
×2事業年度	退職金 ×× ／ 現金 ××	なし
×3事業年度	退職金 ×× ／ 現金 ××	なし

　退職給与を受領する個人側の処理としては、退職所得の収入金額の収入すべき時期については、所得税基本通達36-10において「株主総会その他正当な権限を有する機関の決議を要するものについては、その役員の退職後その決議があった日」と定められているので、実際の受領がいつかを問わず、3,000万円全額が株主総会で承認された日の属する年分の退職所得となります。一方で、源泉徴収義務としては、実際に支払の行われた都度に一定額を徴収することになります。

3. 損金算入時期の事例検討　　89

　なお、役員退職給与に係る「退職所得の源泉徴収票」は、原則として退職後1月以内に支払者の所轄税務署及び支払った年の1月1日現在の受給者の住所地の市区町村に提出しなければなりません（その年中に退職した受給者分を取りまとめて翌年の1月31日までに提出しても差し支えありません。）。役員退職給与を分割払する場合もその総額は確定しているので、支払の確定した金額を記入すると同時に未払の金額も源泉徴収票を作成する時点での金額を内書き（支給金額の上段）することになります。

退職給与総額3,000万円3回の分割払い、勤続年数20年とした場合

① 支給総額に対する税額

（3,000万円 − 800万円）× 1/2 = 11,000,000円　⇒　2,137,974円
（復興税含む）

② 分割払い時に源泉徴収すべき税額

1回の支給額1,000万円

$$2,137,974円 \times \frac{1,000万円}{3,000万円} = 712,658円$$

令和　2　年分　　退職所得の源泉徴収票・特別徴収票

支払を受ける者	住所又は居所 令和2年1月1日の住所						
	氏　名	（役職名）					
区　　　　　　　分		支払金額	源泉徴収税額	特別徴収税額			
				市町村民税		道府県民税	
所得税法第201条第1項第1号並びに地方税法第50条の6第1項第1号及び第328条の6第1項第1号適用分		20,000,000 円 30,000,000	円 2,137,974	円 660,000		円 440,000	円
所得税法第201条第1項第2号並びに地方税法第50条の6第1項第2号及び第328条の6第1項第2号適用分							
所得税法第201条第3項並びに地方税法第50条の6第2項及び第328条の6第2項適用分							
退職所得控除額		勤続年数	就職年月日		退職年月日		
800 万円		20 年	平成13年1月1日		令和2年10月31日		
（摘要）							
支払者	住所（居所）又は所在地						
	氏名又は名称		（電話）				

90　Ⅳ　役員退職給与

＜所得税基本通達201-3　退職手当等を分割して支払う場合の税額の計算等＞

退職手当等の分割払、概算払等をする場合の源泉徴収税額の計算及び派遣役員等に支払う退職手当等に対する源泉徴収については、183 ～ 193 共 -1 から 183 ～ 193 共 -3 までの取扱いに準ずる。

＜所得税基本通達183 ～ 193 共 -1　支給総額が確定している給与等を分割して支払う場合の税額の計算＞

支給総額が確定している給与等を分割して支払う場合の各支払の際徴収すべき税額は、当該確定している支給総額に対する税額を各回の支払額に按分して計算するものとする。

Q 25　役員退職給与の追加支給（一度の退職で 2 度の退職給与）

当社（年 1 回 3 月決算）は、4 年前の定時株主総会で代表取締役が退任したことに伴い、役員退職給与として 1,000 万円の支給を決議しました。当時は、経営状況が厳しかったので、役員退職給与もできるだけ負担のない金額に設定しました。経営状況が回復したので、役員退職給与の不足分について改めて株主総会の承認を経たうえで元代表取締役に追加支給する計画があります。法人税法上、損金算入することはできるのでしょうか？

また、受領する個人としても、退職所得として処理することは可能でしょうか？

解説

適正に株主総会の決議等を経たとしても、追加支給した金額は役員退職給与として損金算入することは認められないと考えられます。追加支給は、退職に伴う職務執行の対価としての性質が乏しいことから、反対給付のない寄附金として取り扱われるものと思われます。

会社法上は、適正に株主総会の決議等を経ていれば、職務執行の対価として、役員退職給与の支給自体は可能とされています。法人税法上は、法人が役員に対する退職給与の額を支払った日の属する事業年度において、その支払った額につき損金経理をした場合には、その損金算入を認めています。つまり、当初の株主総会で決議した役員退職給与の分割支給は許容されますが、一度確定した役員退職給与の総額を増やす追加支給を認めるものではありません。この取扱いは、同一役員に対する退職給与の支給について株主総会の決議等が2回以上も行われるような異常な事態を予定しているものではないと考えられます。役員に対する退職給与については、その損金性の強さという点で使用人に対する退職給与とは明らかな差異があることから、追加支給がいつでもできることになれば、特に同族会社等においては利益調整が可能になってしまいます。

しかし、いかなる状況においても追加支給を認めないとも言い切れないと思います。追加支給の役員退職給与が損金算入できるような状況としては、会社の不祥事により引責辞任せざるを得なくなり、支給額が減額されたが、その後に退任役員の事件への関与が否定されるなど名誉の回復があったことによる追加支給等が考えられます。

一方で、受領する個人課税の取扱いも問題となります。追加支給の役員退職給与は、既に一度退職後に確定しているので、追加支給分を単純に退職所得とみるのは適当ではありません。一方で、賞与とは算定方法も異なることから、給与所得とすることも適当ではありません。したがって、受領する個人側においては、本人が生存の場合はもちろん、遺族が受ける場合においても、一時所得として取り扱われるべきものと考えられます。また、既に退職した役員が現在の役員と親族関係にある場合は、現在の役員の利益調整のために支給したものとみなされ、現在の役員に対する賞与として認定される可能性も否定できません。

92　Ⅳ　役員退職給与

Q 26　役員退職給与の遡及支給（過去の退職で数年後の支給）

　当社（年1回3月決算）は、3年前の定時株主総会で代表取締役が退任しましたが、経営状況が厳しかったため、役員退職給与の支給は決議しませんでした。最近、経営状況が回復したため、既に退任した元代表取締役への役員退職給与について株主総会の承認を経た上で支給する計画があります。法人税法上、損金算入することはできるのでしょうか？
　また、受領する個人としても、退職所得として処理することは可能でしょうか？

解説

　ご質問のケースは、前問 Q25 の追加支給とは異なり、役員退職給与として損金算入することが可能と考えられます。役員退職給与の決議に係る株主総会は、いつ開催するかは法人の自由であって、在任中の職務執行の対価として退職給与の性格にも問題はありません。

　実務的には、退任時の株主総会で退職給与を決議した上で、支給総額を未払計上してから、分割支給する方法を採用することが多いと思います。しかし、一旦、退職給与を決議してしまうと受領する個人としては、退職所得としての課税が行われるにも関わらず、資金繰りの都合上、支給が長期に及ぶ場合や支給ができなくなることが想定されます。したがって、役員退職給与の支給の目途が立たない場合には、役員退職給与の支給に係る決議自体を先送りすることも実務的な対応として考えられます。

　一方で、退任から数年後に役員退職給与の決議を行うのは、損金算入時期を調整できるので利益調整の余地が生じます。このようなケースでは、なぜ役員退職給与の決議が遅れて、当該事業年度になったのかを説明できるようにすべきだと思います。

　なお、受領する個人としては、退職所得の収入金額の収入すべき時期は、役員退職給与の決議があった日とされます。ただし、その決議が退

3. 損金算入時期の事例検討 93

職手当等を支給することだけを定めるにとどまり、具体的な支給額を定めていない場合には、その金額が具体的に定められた日となります。

＜所得税基本通達36-10 退職所得の収入金額の収入すべき時期＞

退職所得の収入金額の収入すべき時期は、その支給の基因となった退職の日によるものとする。ただし、次の退職手当等については、それぞれ次に掲げる日によるものとする。

(1) 役員に支払われる退職手当等で、その支給について株主総会その他正当な権限を有する機関の決議を要するものについては、その役員の退職後その決議があった日。ただし、その決議が退職手当等を支給することだけを定めるにとどまり、具体的な支給金額を定めていない場合には、その金額が具体的に定められた日

(2)〜(5) （省略）

Q 27 役員退職金と退職年金の関係

当社（年1回3月決算）は、代表取締役が退任したことに伴い、役員退職金として5,000万円の支給を株主総会等で決議しました。支給方法について、新しい代表取締役から資金繰りの都合があるので、数年間にわたる分割支給にしたいとの要望がありました。当期に5,000万円を全額未払計上する予定ですが、仮に10年以上も未払いが解消しないときには課税上の弊害はありますか？

解説

役員退職金を長期にわたって分割支給すると、実質的には退職年金と変わらないことから退職年金としての認定を受ける可能性があるとされています。退職一時金と退職年金の違いは、原則的な損金算入時期です。役員に対する退職一時金は、原則的には株主総会の決議等があった日に損金算入することとなりますが、例外的に支払日での損金算入を認

めています。一方で、退職年金は、法人税基本通達 9-2-29 に定められているように、その年金を支給すべき時において損金算入します。株主総会の決議等で決められた年金総額を未払金等に計上しても一時に損金算入することはできません。

　実務的に、株主総会の決議等があった日の属する事業年度に退職一時金の総額を未払計上して、全額損金算入したが、その後長期にわたって分割支給を継続したことによって、税務調査において退職一時金ではなく退職年金と認定されてしまうことは避けなければなりません。役員退職金の総額を一括で損金算入したものが、退職年金として否認されると否認額が高額になる可能性が高いです。

　退職一時金か退職年金かの区分は、株主総会等での決議内容からも明らかになると思います。また、役員退職給与規程又は役員退職年金規程のいずれによって支給されるかの形式的な側面からも判断できると思います。しかし、同族会社で株主が親族だけのような中小企業では、株主総会等の議事録や社内規程よりも、社内的な認識や実際の支給状況などの実態が問われる可能性が高いと思います。

　実務的には、3年を超える分割払いの退職金は、退職年金として否認されるリスクがあるとされています。著者の聞き及んだ範囲でも、退職一時金を未払計上して、その取崩しが3年を超えたときに税務調査で退職年金としての可能性を指摘された事例が数件あります。いずれも修正事項にはならずに、指導事項として整理されたようなので、課税庁サイドとしても退職年金として否認するのは、ハードルが高いことが伺えます。

　ご質問のケースでは、資金繰りの都合で長期に及ぶ分割が見込まれるようであれば、金融機関からの融資を受けて、短期間で支払うことも検討すべきかと思います。また、税務リスクを抱えずに、資金繰りの負担も軽減する方法として、あえて退職年金としての支給も視野に入れて検討すべきかと思います。

⑴ 退職年金の支払側の取扱い

　退職年金は、その支給すべき時の損金の額に算入されるので、課税所得に与える影響が平準化されます。

年金総額：5,000 万円、株主総会決議：X01 年 5 月 28 日

	X01 年	X02 年	X03 年	X04 年	X05 年	X06 年	X07 年	X08 年	X09 年	X10 年
支給	500 万	500 万	500 万	500 万	500 万	500 万	500 万	500 万	500 万	500 万

※　X01 年に年金総額 5,000 万円を未払計上し、支払いの都度その未払金を取り崩す処理をしても X01 年に年金総額 5,000 万円を損金にすることはできず、各事業年度で支給すべき金額を損金に算入することになります。

年度	会計仕訳				申告調整
× 01 年	退職金	5,000 万円	／　未払金	5,000 万円	加算・留保
	未払金	500 万円	／　現金	500 万円	減算・留保
× 02 年	未払金	500 万円	／　現金	500 万円	減算・留保
× 03 年	未払金	500 万円	／　現金	500 万円	減算・留保

＜法人税基本通達 9-2-29　退職年金の損金算入の時期＞

　法人が退職した役員又は使用人に対して支給する退職年金は、当該年金を支給すべき時の損金の額に算入すべきものであるから、当該退職した役員又は使用人に係る年金の総額を計算して未払金等に計上した場合においても、退職の際に退職給与引当金勘定の金額を取り崩しているといないとにかかわらず、当該未払金等に相当する金額を損金の額に算入することはできないことに留意する。

⑵ 退職年金受取側の取扱い

　退職一時金は退職所得として分離課税となりますが、退職年金は公的年金等に係る雑所得として総合課税の対象となります。

　分離課税は、他の所得と合算しないことから超過累進税率における税

率の上昇が抑えられます。一方で、総合課税となると他の所得と合算されるので税率が上昇することが想定されます。また、退職所得は、1/2課税という恩恵を受けているにも関わらず、雑所得は収入金額から公的年金等控除を控除した残額が課税対象となるので、何ら恩恵を受けていません。

	退職一時金	退職年金
所得の分類	退職所得	雑所得
課税方法	分離課税 (収入金額－退職所得控除額)×1/2	総合課税 収入金額－公的年金等控除額
控除額	退職所得控除額	公的年金等控除額

4. 役員退職給与の適正額

　役員退職給与を損金算入するための要件としては、①不相当に高額な部分の金額、②事実を隠蔽し又は仮装して経理することにより支給するもの、のいずれにも該当しないことです。実務的には、②事実を隠蔽し又は仮装して経理することは想定できないので、①不相当に高額な部分の金額に該当しない範囲内で支給額を決めることが求められます。また、中小企業が支給した役員退職給与が業績連動給与に該当すると損金算入することができません（80ページ参照）。

　役員退職給与の適正額は、法人税法施行令70条1項2号に定められていますが、退職した役員の貢献度、勤続年数、地位等を考慮して総合的に決定されるものであることから、画一的な基準によって適正額を算出することは困難です。実務的には、課税庁でも採用している功績倍率法により計算することが一般的です。功績倍率法は、退任時の最終報酬月額に、勤続年数、功績倍率を乗じて役員退職給与の額を計算する手法です。この功績倍率法は、裁決例、裁判例などには登場していましたが、法令や通達では定められていませんでした。しかし、平成29年度税制改正に係る基本通達の見直しの中で、法人税基本通達9-2-27の2が新設されて「功績倍率法」がはじめて明確に定義されました。この通達は、功績倍率法は、業績連動給与には該当しないことを確認する内容なので、実務への影響はほとんどありません。

　なお、課税庁サイドが、退職役員に退職給与を支給した法人と同種の事業を営み、かつ、その事業規模が類似する法人の役員退職給与の支給事例における功績倍率の平均値を用いて計算する方法を「平均」功績倍率法と呼称しています。

　また、役員退職給与の適正額の算定方法には、「1年当たり平均額法」というものもあります。類似法人の役員に係る退職給与の1年当た

りの平均額に、対象となる役員の在任年数を乗じて求める方法です。この「1年当たり平均額法」は、退職する役員の最終報酬月額が当該役員のこれまでの功績を適正に反映していない場合に適用されています。「1年当たり平均額法」の特徴としては、退任時の報酬がいくらかは関係ないことです。退任時に定期給与の額が減少していても「1年当たり平均額法」であれば、役員退職給与の適正額へ影響を及ぼすことはありません。

　「功績倍率法」と「1年当たり平均額法」を比較すると、「功績倍率法」の方が優先順位が高く、まず「功績倍率法」を適用して、退任時の最終報酬月額が少額だったなどの理由で算出された金額が役員退職給与として不適正のときに、「1年当たり平均額法」を適用することになります。「1年当たり平均額法」の計算要素である「類似法人の退職給与の1年当たりの平均額」を実務家が客観的に捉えることは困難なので、実務的には「功績倍率法」で適正額を見積もることが一般的だと思います。

　東京地方裁判所平成23年（行ウ）第419号法人税更正処分取消等請求事件（棄却）にて、「退職給与として相当であると認められる金額」の算定方法について、下記のように「平均功績倍率法」、「1年当たり平均額法」、「最高功績倍率法」を比較検討しています。結論としては、「当該役員の最終月額報酬が同業類似法人における報酬の支給例と比較して低額であるなど、平均功績倍率法によると不適正な役員退職給与額が算定されるなど特段の事情」がない場合には、平均功績倍率法を適用すべきと整理しています。

【課税サイドにおける役員退職給与の適正額の算出方法】

優先順位	算出方法	概要
1	平均功績倍率法	・最も合理的な算定方法 ・最終報酬月額が合理性を欠く場合には適用できない。

2	1年当たり平均額法	・平均功績倍率法が使えないときに採用される。 ・実務家にとっては、1年当たりの退職金の増加額を把握することが容易ではない。

＜法人税法施行令 70 条 1 項 2 号＞

2　内国法人が各事業年度においてその退職した役員に対して支給した退職給与の額が、当該役員のその内国法人の業務に従事した期間、その退職の事情、その内国法人と同種の事業を営む法人でその事業規模が類似するものの役員に対する退職給与の支給の状況等に照らし、その退職した役員に対する退職給与として相当であると認められる金額を超える場合におけるその超える部分の金額

＜法人税基本通達 9-2-27 の 2　業績連動給与に該当しない退職給与＞

いわゆる功績倍率法に基づいて支給する退職給与は、法第 34 条第 5 項《業績連動給与》に規定する業績連動給与に該当しないのであるから、同条第 1 項《役員給与の損金不算入》の規定の適用はないことに留意する。

(注) 本文の功績倍率法とは、役員の退職の直前に支給した給与の額を基礎として、役員の法人の業務に従事した期間及び役員の職責に応じた倍率を乗ずる方法により支給する金額が算定される方法をいう。

【平成 25 年 3 月 22 日判決（抜粋）・TAINS コード：Z263-12178】

納税者（原告・法人）の元取締役及び元代表取締役に支給した役員退職給与の額には不相当に高額な部分の金額があり、当該部分は損金算入できないとされた事例

東京地方裁判所平成 23 年（行ウ）第 419 号法人税更正処分取消等請求事件（棄却）

(1)　退職した役員に支給する退職給与の額が、不相当に高額であるかどうかの判断は、当該役員が法人の業務に従事した期間、その退職の事情、同種・類似規模の法人の役員退職給与の支給の状況等を総合的に勘案して行うこととされており（旧施行令 72 条、施行令 70 条 2 号参照）、役

員退職給与の適正額の算定方法として、一般に功績倍率法（平均功績倍率法、最高功績倍率法）及び1年当たり平均額法がある。

(2) この中で、功績倍率法のうちの平均功績倍率法は、退職した役員の当該法人に対する功績がその退職時の報酬に反映されていると考え、同種類似法人の役員に対する退職給与の支給の状況を平均功績倍率として把握し、比較法人の平均功績倍率に当該退職役員の最終月額報酬及び勤続年数を乗じて役員退職給与の適正額を算定するものであり、旧施行令72条及び施行令70条2号の趣旨に最も合致するものである。

　また、1年当たり平均額法についても、旧施行令72条及び施行令70条2号の趣旨に合致する算定方法であり、一般的には、旧施行令72条及び施行令70条2号の趣旨に最も合致する平均功績倍率法によるべきであるが、当該役員の最終月額報酬が同業類似法人における報酬の支給例と比較して低額であるなど、平均功績倍率法によると不適正な役員退職給与額が算定されるなど特段の事情があれば、1年当たり平均額法が適する場合もある。

(3) 他方、功績倍率法のうちの最高功績倍率法は、比較法人の中にたまたま不相当に過大な退職給与を支給しているものがあったときには明らかに不合理な結論となるものであり、算定方法の合理性の点で、平均功績倍率法及び1年当たり平均額法に劣るものである。

(1)　（平均）功績倍率法

役員退職給与
の適正額　＝退職時の最終報酬月額×勤続年数×（平均）功績倍率法

＜功績倍率の一般例＞

役職	功績倍率
代表取締役	3.0 倍
専務取締役	2.5 倍
常務取締役	2.5 倍
取締役	2.0 倍

　課税庁サイドは、同業他社の比較法人から平均的な功績倍率を算出して、その平均功績倍率に基づいて、役員退職給与の適正額を算定する方法（平均功績倍率法）が最も合理的と捉えています。功績倍率法は、退任時の①最終報酬月額に、②勤続年数、③功績倍率を乗じて役員退職給与の適正額を計算する手法です。

　①最終報酬月額は、通常であれば当該退職役員の在職期間中における報酬の最高額を示すものであるとともに、当該退職役員の在職期間中における法人に対する功績の程度を最もよく反映していると解されています。しかし、実務的には最高額でもなく、これまでの功績を反映していないケースが少なくありません。最終報酬月額が明らかに少額である場合には、実際の最終報酬月額ではなく、適正額に補正してから功績倍率法の算式に当てはめることも検討すべきだと思います。

　②勤続年数は、法人税法施行令70条1項2号で明文規定されている「当該役員のその内国法人の業務に従事した期間」でみなし役員でなければ登記情報などからも容易に確認できます。

　③功績倍率は、当該退職役員の法人に対する功績や法人の退職給与支払能力など、最終月額報酬及び勤続年数以外の役員退職給与の額に影響を及ぼす一切の事情を総合評価した係数とされています。功績倍率については、過去の裁決、判例から代表取締役であれば3倍程度が上限とする見解が一般化しています。しかし、功績倍率が3倍以下であっても否認されるリスクはゼロではないので、法人の財政状態などとのバランスを考慮して支給額を決定する必要があります。

▌(2) 1年当たり平均額法

役員退職給与の適正額 = 1年当たり役員退職給与額の平均額 × 勤続年数

　1年当たり平均額法は、同業類似法人の役員退職給与の支給事例における1年当たり役員退職給与額の平均額に、当該退職役員の勤続年数を乗じて算定する方法です。平均功績倍率法と比較すると、当該退職役員の在職期間中における法人に対する功績の程度を反映しているものというべき最終月額報酬を用いないため、その合理性において平均功績倍率法に劣る面があることは否めません。しかし、平均功績倍率法と同様に、①勤続年数は、法人税法施行令70条2号が明文で規定する「当該役員のその内国法人の業務に従事した期間」に相当すること、②同業類似法人における1年当たり役員退職給与額の平均額を算定することにより、同業類似法人間に通常存在する諸要素の差異やその個々の特殊性が捨象され、より平準化された数値を得ることができるものであることからすれば、その同業類似法人の抽出が合理的に行われる限り、施行令70条2号の趣旨に合致する合理的な方法と考えられています。しかし、1年当たり平均額法の適用に当たっては、退職の直前に当該退職役員の報酬が大幅に引き下げられたなど、平均功績倍率法を用いることが不合理であると認められる特段の事情がある場合に限定されています。

　実務的には、「同業類似法人の役員退職給与の支給事例における1年当たり役員退職給与額の平均額」を把握することが容易ではありません。したがって、退職の直前に当該退職役員の報酬が大幅に引き下げられたなど、平均功績倍率法を用いることが不合理であると認められる特段の事情がある場合であっても、実務家としては、最終報酬月額を適正額に補正してから功績倍率法を適用して、役員退職給与の適正額を算定することが多いと思います。

5. 適正額の事例検討

　役員退職給与の実務は、損金計上額が高額になることからも、中小企業における税務上のテーマで最も重要なもののひとつとされています。役員退職給与における関心事の中でも、「いくら支払えるか？」は重要論点です。しかし、税務上許容される役員退職給与の上限額は、法令や通達で形式的な算定方法が明確にはなっていません。そこで事例を用いて実務的に問題になりそうな算定方法を検証します。

Q 28　平均功績倍率法による役員退職給与の合理性

　課税庁側では同業他社の功績倍率の平均値を用いて算定すると聞いています。平均値をもって平均功績倍率法を適用するということは、サンプルとなった法人の功績倍率の半数は否認される可能性があったとも考えられます。平均功績倍率法は理論的に合理性が欠けていませんか？

解説

　役員退職給与の適正額の算定基準としては、当該役員のその法人の業務に従事した期間、その退職の事情、同種類似の法人の役員に対する退職給与の支給の状況等に照らして判断すべきことを定めています。課税庁サイドでは、具体的な方法として、平均功績倍率法、最高功績倍率法及び1年当たり平均額法のいずれかを用いています。このうち、平均功績倍率法は、当該退職役員の当該法人に対する功績はその退職時の報酬に反映されていると考え、同種類似の法人の役員に対する退職給与の支給の状況を平均功績倍率として把握し、比較法人の平均功績倍率に当該退職役員の最終報酬月額及び勤続年数を乗じて役員退職給与の適正額を算定する方法です。適正に算出された平均功績倍率を用いる限り、その判断方法は客観的かつ合理的であり、法人税法施行令70条1項2号の

趣旨に最もよく合致する方法であると解されています。

　平均功績倍率法に基づくと、平均値を適正額と捉えることから、比較法人のうち約半数の法人の退職給与が否認されることになります。また、逆に比較法人の支給した役員退職給与が適正額として認められたものだとすると、これらの平均値を超える部分を不相当とすると矛盾が生じることになることから、平均功績倍率法は論理的に成り立ち得ないものと整理することもできます。しかしながら、平均功績倍率法は、比較法人の退職給与のうちに、本来否認すべきであったが実際には否認しなかったものが混在していることを前提としているようです。つまり、比較法人の支給した役員退職給与が法人税法上の適正額の範囲内か否かは問わずにサンプルとして用いられているので、平均値を適正額と捉えても矛盾はしないと整理されています。

【平成 11 年 12 月 10 日判決（抜粋）・TAINS コード：Z245-8543】

札幌地裁平成 8 年（行ウ）第 20 号法人税更正処分等取消請求事件（棄却）（原告控訴）【税務訴訟資料第 245 号 703 頁】

　役員退職給与の適正額の算定にあたり、平均功績倍率法に基づくと、比較法人のうち約半数の法人の退職給与が否認されることとなり、逆に比較法人の役員退職給与が適正額として認められたものだとすると、これらの平均値を超える部分を不正当とする理由はないから、平均功績倍率法は論理的に成り立得ないとの原告会社の主張が、<u>平均功績倍率法は、比較法人の退職給与のうちに、本来否認すべきであったのに実際には否認しなかったものがあり得ることを前提とするものである</u>（仮に、比較法人の退職給与がすべて適正な額の範囲内であることを前提とするならば、最高功績倍率法を用いるしかない）などとして排斥された事例

5. 適正額の事例検討　　105

Q 29　退任時に無報酬である場合の役員退職給与の適正額

　当社（年１回３月決算）は、代表取締役が退任するので、役員退職給与を支給したいと考えています。代表取締役は、生活費は厚生年金とこれまでの貯蓄で十分に賄えるので、ここ数年は無報酬となっていました。功績倍率法を適用すると最終報酬月額がゼロなので、役員退職給与の適正額もゼロになってしまいます。

　役員退職給与の支給は認められないのでしょうか？

解説

　役員退職給与の適正額の算定基準としては、当該役員のその法人の業務に従事した期間、その退職の事情、同種類似の法人の役員に対する退職給与の支給の状況等に照らして判断すべきことを定めています。実務的には、多くのケースで功績倍率法を用いて適正額を算定しています。功績倍率法は、功績倍率に当該退職役員の最終報酬月額及び勤続年数を乗じて役員退職給与の適正額を算定する方法であって、一般的に許容される功績倍率を用いる限りにおいては、税務調査でも否認されることがないと考えられています。

　功績倍率法を適用する最大の注意点は、最終報酬月額が当該退職役員のこれまでの功績の程度を適正に反映しているか否かです。いくらだったら功績の程度を適正に反映しているのかを形式的に判断することはできません。しかし、退職の直前に当該退職役員の報酬が大幅に引き下げられた場合には、功績の程度を適正に反映しているとは言えないと思います。

　ご質問のように、報酬をゼロにしている状況で、最終報酬月額の補正を行うことなく功績倍率法を適用すると算式が掛け算の繰り返しなので、最終的にはゼロになってしまいます。しかし、最終報酬月額がゼロであっても、職務執行が行われていた限り退職給与の支給がゼロと認定されることはありません。課税庁サイドでは、退職の直前に当該退職役

員の報酬が大幅に引き下げられた場合には、1年当たり平均額法を適用していますが、実務家としては計算要素である「同業類似法人における1年当たり役員退職給与額の平均額」を算定することが容易ではないで、課税庁サイドと同じような対応は現実的ではありません。実務的には、功績倍率法を適用するにあたって、最終報酬月額が適正でない場合には、実際の最終報酬月額を使用するのではなく、適正な額に補正した「適正」報酬月額を用いて役員退職給与の適正額を算定する方法を用いることができるか検討します。

　最終報酬月額の補正といっても、通達などで算式が定められているわけではないので、合理性があると思える方法を検討する必要があります。補正方法としては、①減額前の通常な状態での月額を用いる、②過去数年の平均報酬月額を用いる、③就任時から退任時までの平均報酬月額を用いる、などが考えられます。それぞれメリット、デメリットがありますが、①は段階的に減額した場合には、どの段階の月額を通常な状態と捉えるかで金額が変わってしまいます。②は、何年間の平均を用いるのか、一般的に直近の数年間などの平均を用いることになると思いますが、変動が大きいと平均する期間を決めることが容易ではありません。③は、②のように計算する期間を定める必要がないので、計算することは容易です。しかし、最終報酬月額は、通常、当該退職役員の在職期間中における報酬の最高額を示すものであって、これまでの功績の程度を適正に反映するという基本スタンスから外れてしまいます。実務的には、最終報酬月額を①減額前の通常な状態での月額を用いる、②過去数年の平均報酬月額を用いる、などで補正してから、功績倍率法を適用することで、役員退職給与の適正額を算定することが妥当な対応だと考えられます。

Q 30 功績倍率法が適用される最終報酬月額

　当社（年１回３月決算）は、代表取締役が、生活費は厚生年金とこれまでの貯蓄で十分に賄えるので、定期給与の減額を検討しています。しかし、役員退職給与の適正額が減少するのであれば、定期給与の減額はしない予定です。役員退職給与の適正額を１年当たり平均額法で計算するのであれば、定期給与の額が少なくても影響はないと考えています。

　課税庁が、１年当たり平均額法を適用するのはどのようなケースでしょうか？

解説

　役員退職給与の適正額を算定する主な方法としては、①功績倍率法と②１年当たり平均額法があります。①功績倍率法は、退職役員の最終報酬月額に勤続年数及び功績倍率を乗じて役員退職給与の適正額を算定する方法なので、退職役員の最終報酬月額が非常に重要な計算要素となります。②１年当たり平均額法は、同業類似法人の役員退職給与の支給事例における１年当たり役員退職給与額の平均額に、退職役員の勤続年数を乗じて算定する方法なので、最終報酬月額が影響を及ぼすことはありません。

　ご質問のようなケースでは、一般的に最終報酬月額は、定期給与の額を前提としますので、功績倍率法を適用すると役員退職給与の適正額は減額しますが、１年当たり平均額法を適用するのであれば、役員退職給与の適正額には影響ありません。課税庁サイドとしては、平均功績倍率法が、同業類似法人の抽出が合理的に行われる限り、法人税法施行令70条２号の趣旨に合致する合理的な方法と考えています。１年当たり平均額法の適用に当たっては、退職の直前に当該退職役員の報酬が大幅に引き下げられたなど、平均功績倍率法を用いることが不合理であると認められる特段の事情がある場合に限定しています。つまり、退職役員の報酬が大幅に引き下げられたことによって、最終報酬月額が当該退職

役員のこれまでの功績の程度を適正に反映していないと判断されたのであれば、課税庁サイドでは1年当たり平均額法が適用されることになります。

では、どの程度の減額であれば1年当たり平均額法が適用されるのかという疑問が生じます。このテーマは、各々の法人の状況によって異なるので形式的な基準を設けることはできませんが、下記の裁決事例では、「月々25万円の報酬は他の役員の報酬に比べて少額であると認められることからすれば、元取締役の在職期間中における請求人に対する功績の程度を最もよく反映しているものということもできない。」と判断しています。同一法人内の他の役員の報酬と対比して、その功績を適切に反映しているか否かを判断しています。代表取締役よりも代表権のない取締役の方が高給である場合などは、裁決事例と同様の判断ができそうです。また、一般的に、役員は従業員よりも高給であることから、従業員の給与と大差ないような状況だとすると、1年当たり平均額法が適用される可能性が高いと思います。なお、同一法人内での比較が困難な場合には、同規模の同業他社との比較となることが想定されます。同業他社の役員給与との比較になると実務家にとってはブラックボックスの領域になるので、判断がより難しくなってきます。

ご質問のケースのように、課税庁サイドが1年当たり平均額法を用いて適正額を算定することを前提として、減額後の最終報酬月額を反映しない役員退職給与を支給することもあり得ます。実務的には、課税庁サイドが最終報酬月額に基づく平均功績倍率法を適用することが不合理と判断するように定期給与を大幅に引き下げることが条件となります。大幅に引き下げが難しいようであれば、減額後の最終報酬月額に基づく功績倍率法で算定した役員退職給与の額を支給することも視野に入れて検討すべきかと思います。

5. 適正額の事例検討　　109

【平成 28 年 6 月 27 日裁決（抜粋）・TAINS コード：F0-2-638】

退任後の追加支給であることを踏まえると、追加支給分を考慮した金額を最終報酬月額とみることは相当でなく、追加支給前の役員給与は少額であることからすると、原処分庁が、役員退職給与相当額の算定方法として1年当たり平均額法を用いたことは合理的であると判断された事例

本件元取締役に対して当初支給されていた月額 250,000 円の報酬は、請求人の他の役員の報酬に比べて少額であると認められることからすれば、これが、本件元取締役の在職期間中における請求人に対する功績の程度を最もよく反映しているものということもできない。そうすると、本件においては、役員退職給与の適正額の算定方法として平均功績倍率法を用いることが不合理であると認められる特段の事情があるというべきであるから、原処分庁が本件役員退職給与相当額の算定方法として1年当たり平均額法を用いたことは合理的であるというべきである。

Q 31　事前確定届出給与の額を増やして定期同額給与の額を少なくした場合の功績倍率法

　当社（年1回3月決算）は、代表取締役の役員給与について、前年度は年額 1,800 万円（月々 150 万円）としていましたが、次回の定時株主総会において、総額は変えずに、毎月の定期給与の額を 10 万円とし、7月に 1,680 万円の事前確定届出給与を支給するように変更したいと考えています。
　功績倍率法による最終報酬月額は 10 万円になってしまうのでしょうか？

解説

　功績倍率法を適用する最大の注意点は、最終報酬月額が当該退職役員のこれまでの功績の程度を適正に反映しているか否かです。いくらだったら功績の程度を適正に反映しているのかを形式的に判断することはできません。しかし、退職の直前に当該退職役員の報酬が大幅に引き下げ

られた場合には、功績の程度を適正に反映しているとはいえないと思います。

ご質問のケースで、実際の定期給与のみを最終報酬月額と捉えて功績倍率法を適用すると、定期給与が月々150万円から月々10万円に減額しているので、算出される適正額は15倍もの差が生じます。役員給与の総額を変えずに、定期給与と事前確定届出給与の内訳を変えたことで、これまでの功績に変化があるとは思えません。そうすると、役員給与の総額を変えずに、定期給与と事前確定届出給与の内訳を変えたとしても、適正な役員退職給与の額は変動すべきではないことになります。したがって、功績倍率法による最終報酬月額が10万円になることはないと考えられます。個人的には、最終報酬月額を150万円として功績倍率法を適用する余地は十分にあると思います。

しかし、功績倍率法における最終報酬月額に事前確定届出給与を含めるか否かについては、①事前確定届出給与を含めて最終報酬月額とする、②事前確定届出給与を含めないで最終報酬月額とする、の2つの考え方があります。

① 事前確定届出給与を含めて最終報酬月額とする論拠

職務執行の対価である役員給与については、会社法361条において、「取締役の報酬、賞与その他の職務執行の対価として株式会社から受ける財産上の利益」と定めています。法人税法上の役員給与も同義と考えられます。

役員給与については、会社法上は株主総会の決議によって定めることになっており、法人税法上の定期同額給与の改定や事前確定届出給与を支給する定めも株主総会の決議等を基準としています。

法人税法上の役員給与が過大である場合には、損金不算入になりますが、この過大役員給与の適用に当たっては、定期同額給与、事前確定届出給与を区分することなく事業年度ごとの総額で判定されます。つま

り、役員の職務執行の対価として妥当であるか否かは、定期同額給与と事前確定届出給与を分けることなく、総額で捉えることになります。退職役員のこれまでの功績の程度を適正に反映する指標として、退職時の定期給与のみで判定すると、過大役員給与の判定基準と差異が生じます。同じ法人税法上の取扱いで、過大か否かを判定する基準の捉え方に差異があるのは矛盾が生じているとも考えられます。

② 事前確定届出給与を含めないで最終報酬月額とする論拠

　事前確定届出給与は、職務執行期間の開始前に支給額が定められていますが、実務的には不支給となるケースも散見されることから不確定要素が多い支給形態といえます。仮に、定期給与のみでは、退職役員のこれまでの功績の程度を適正に反映しているとはいえないとしても、このような変動要素の多い事前確定届出給与を最終報酬月額に含めることができるとは断定できないと考えられています。最終報酬月額に事前確定届出給与を含めると判断された裁決・判例が存在しない限り、保守的に事前確定届出給与は含めないと捉えるべきであると整理されています。

【裁決事例からの検証】

　請求人は、請求人が元代表者に対して支給した役員退職給与（本件役員退職給与）は、役員退職慰労金規定に基づいて支給されたものであり、役員退職金を恣意的に大きくして租税回避を行ったものではないから、本件役員退職給与は全額損金の額に算入されるべきであり、仮に不相当に高額な部分があったとしても、①　～省略～、②会社法は、役員賞与を役員報酬の一つとして位置付けているのであるから、本件役員退職給与相当額を平均功績倍率法により算定する際の最終報酬月額（本件最終報酬月額）は賞与を加味して算定する旨主張する。しかしながら、役員退職慰労金規定に基づいて支払われたか否かにかかわらず、役員退職給与の額に不相当に高額な部分がある場合には、法人税法第34条《役員給与の損金不算入》

第2項の適用があることから相当に高額な部分の金額は損金の額に算入されない。また、①　～省略～、②**本件役員退職給与支給事業年度において、役員に対する事前確定届出給与（賞与）の支払はないことから、請求人の主張には理由がない。**（平 27. 6.23 関裁（法）平 26-50）（抜粋）

　この裁決事例は、非公開裁決なので詳細はわかりませんが、実際の支払いがない事前確定届出給与は最終報酬月額に影響させないと判断しています。言い換えると、事前確定届出給与も支給されていれば、最終報酬月額に反映することができるとも読み取れます。

　役員退職給与を支給した事業年度において、事前確定届出給与が不支給となるパターンが2つ考えられます。

　想定パターン1は、事前確定届出給与の支給日が退職後なので支給しないパターンです。このようなケースであれば、退職事由が相続など時期を選べない場合は不支給になるのは仕方がないですが、退職の時期を選べるのであれば、事前確定届出給与を支給してから退職した方が最終報酬月額を高くすることができます。なお、事前確定届出給与は、退職後であっても支給することができますので、役員退職給与の適正額を意識するのであれば、あえて支給することも視野に入れるべきかと思います（Q 21 参照）。

　想定パターン2は、事前確定届出給与の支給時期に支給しないで、その後に退職したパターンです。このケースは、どのような理由であれ、事前確定届出給与の不支給を選択しているので、裁決事例のように事前確定届出給与を最終報酬月額に影響させることは難しいと考えられます。

　最終報酬月額に事前確定届出給与を含めるか否かは、通達で定められたわけでもなく、裁決、判例で取扱いが明らかにされたものではありません。想定パターンでの検証も非公開裁決の要旨からの推測を前提としています。個人的には、実際の支払いがない事前確定届出給与は最終報酬月額に影響させないが、支給済みの事前確定届出給与は、最終報酬月

額に反映することができるという取扱いは、過大役員給与の取扱いとも平仄が合うので、現実的な対応だと思われます。

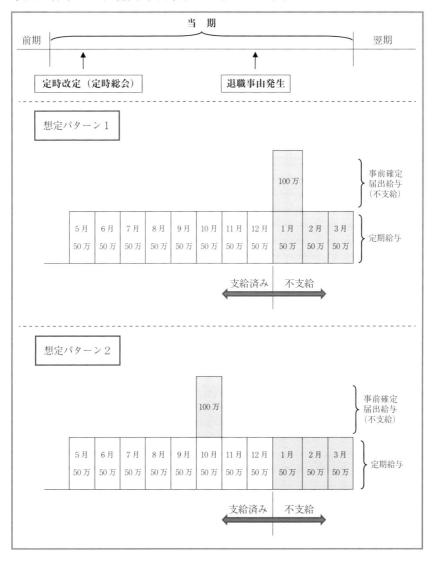

114　Ⅳ　役員退職給与

Q 32　税務調査で否認されない功績倍率

　当社（年１回３月決算）は、創業者の退任に伴い、できるだけ高額な役
員退職給与の支給を検討しています。功績倍率法を用いて功績倍率を３倍
として計算すると１億円と算定されました。中小企業で１億円もの役員退
職給与を支給して課税上の問題にならないのでしょうか？
　なお、１億円の支給であっても、生命保険の解約等で資金繰り的には問
題なく支給することができます。

解説

　役員退職給与の適正額の算定基準としては、当該役員のその法人の業
務に従事した期間、その退職の事情、同種類似の法人の役員に対する退
職給与の支給の状況等に照らして判断すべきことが定められています。
実務的には、多くのケースで功績倍率法を用いて適正額を算定していま
す。功績倍率法は、功績倍率に当該退職役員の最終報酬月額及び勤続年
数を乗じて役員退職給与の適正額を算定する方法であって、一般的に許
容される功績倍率を用いる限りにおいては、税務調査でも否認されるこ
とがないと考えられています。最終報酬月額が、過大と認定される可能
性がなく、退職直前に変動していないのであれば、適正な功績倍率を適
用することで、役員退職給与の適正額の算定が可能となります。

　一般的に、功績倍率３倍であれば否認されないと言われています。こ
の情報は、東京地判昭和55年５月26日【TAINS コード：Z113-
4599】、東京高判昭和56年11月18日【TAINS コード：Z121-4893】、
最高判昭和60年９月17日【TAINS コード：Z146-5601】で判示され
た内容がひとり歩きしているものと思われます。しかし、実際に課税庁
サイドが更正する際に功績倍率３倍を使うことが多いのも事実です。し
たがって、当初申告で功績倍率が３倍以下であれば更正されるリスクが
かなり低くなると考えられます。一方で、裁決や判例を確認すると争っ
た結果として、適正と認められた功績倍率は３倍以下のものが圧倒的に

5. 適正額の事例検討　115

多いです。更正された場合に、課税庁サイドと争うことになり、国税不服審判所や裁判所に判断を委ねると、さらに適正と認められる功績倍率が低くなる傾向があります。

　ご質問のように、中小企業であっても1億円の役員退職給与を支給することはあります。最終報酬月額が妥当であって、功績倍率3倍を適用しているのであれば、功績倍率法を適用して算出した金額を役員退職給与として支給しても税務調査で過大役員退職給与として否認される可能性は低いと思います。裁決や判例を確認していると功績倍率3倍以下でも否認されているケースがあるようですが、可能性としては決して高くはありません。

　一方で、役員退職給与の適正額を計算するにあたって、法人の資金繰りなどの財務状況も無視はできないと考えられます。功績倍率だけにとらわれるのではなく、全体のバランスも加味して役員退職給与の額を検討すべきです。

Q 33　功績倍率3倍の適正性

　当社（年1回3月決算）は、創業者の退任に伴い、功績倍率法を用いて功績倍率を3倍として計算した役員退職給与を支給する予定です。しかし、高額になるので税務上の否認リスクが気になっています。功績倍率3倍が認められた事例を紹介してください。

解説

　役員退職給与の金額が過大か否かで争われた事案では、当初申告での支給額がかなり高額になっているケースが多いです。税務調査で過大として否認されないためには、当初申告における支給額が、更正される金額以下の支給である必要があります。裁決、判例を検証していると課税庁サイドが平均功績倍率法を用いた場合には功績倍率3倍を採用しているケースが多いことがわかります。功績倍率3倍の適正性について、下

116　Ⅳ　役員退職給与

記判例をベースに検証します。

【過大役員退職金の判例検討】

（東京高裁平成 25 年（行コ）第 169 号、原審：平成 23 年（行ウ）第 421 号／平成 25 年 3 月 22 日判決）【税務訴訟資料　第 263 号 -51（順号 12175）】【税務大学校ホームページ】【TAINS コード：Z263-12175】（抜粋）

　不動産賃貸業及び損害保険代理業等を営む A 社（納税者）は、死亡退職した A 社の元代表取締役乙（勤続年数は 13 年、最終月額報酬は 32 万円）に対して支給した役員退職給与を損金算入した。これに対して税務当局が、A 社が損金算入した役員退職給与には、「不相当に高額な部分の金額」として損金不算入となる金額があるとして、更正処分等を行ったことにより争われた。なお，元代表取締役乙は、A 社のグループ企業 4 社からも、それぞれ役員退職給与の支給を受け同様の争いになった。

【役員退職金支給額と認定額】

会社名	月額報酬	勤続年数	会社支給額	当初功績倍率	更正認定額		判決認定額	
					更正額	功績倍率	認定額	功績倍率
A 社	32 万円	13 年	6,032 万円	14.5	1,248 万円	3.0	490.8 万円	1.18
B 社	0 円	35 年	7,210 万円	0	6,308.7 万円	1,802,485 円／年	4,883.8 万円	1 年平均
C 社	30 万円	11 年	4,950 万円	15	990 万円	3.0	752.4 万円	2.28
D 社	30 万円	10 年	4,080 万円	13.6	900 万円	3.0	447 万円	1.49
E 社	70 万円	7 年	6,615 万円	13.5	1,470 万円	3.0	935.9 万円	1.91
合計	－	－	28,887 万円	－	10,916.7 万円	－	7,509.9 万円	－

（注）更正額は、1 年当たり平均額法を用いた B 社以外は、功績倍率が 3 倍となっています。

　本件は、元代表取締役乙の死亡に伴って、5 社から死亡退職給与が支給され、その役員退職給与が過大か否かで争われた事案です。実際の支給額と認定額を上記の表にまとめたので、A 社の支給状況を確認した

いと思います。A社から支給されていた最終報酬月額が32万円で、役員勤続年数13年、支給された役員退職給与は6,032万円です。仮に功績倍率法を適用して算出したとすると、その功績倍率は14.5だったことになります。東京高等裁判所による最終的な役員退職給与の適正額は、490.8万円で功績倍率は1.18となっています。

A社、C社、D社、E社ともに当初申告での功績倍率を確認すると13.5倍～15倍とかなり高水準であることが分かります。注目すべきは、課税庁サイドが更正した金額のベースとなった功績倍率がすべて3倍であることです。社歴、業績、財務状況、職務執行内容など各社において状況が異なるにも関わらず、一律で功績倍率3倍を採用しているのです。本件において、当初申告で功績倍率を3倍として役員退職給与を計算していれば税務調査で否認されることもなかったといえます。

B社は、最終報酬月額がゼロですが、7,210万円もの役員退職給与を支給して、更正時には6,308.7万円が適正額とされています。最終報酬月額がゼロであることから、課税庁サイドとしても平均功績倍率法での算定ができないので、1年当たり平均額法を適用したと思われます。このB社の支給状況と更正額からも、最終報酬月額がゼロであっても、役員退職給与の適正額がゼロになるわけではないことが確認できます。

課税庁サイドの更正処分を不服として、国税不服審判所や裁判所に判断を仰ぐと、納税者の思惑とは逆に、更に納税者不利の判断がされることがあります。本件のような、役員退職給与の適正額を論点とする裁決、判例では、納税者不利に傾くことが多いように感じます。実務的には、税務調査で修正事項に挙げられないような支給額を設定するべきであって、最終報酬月額、功績倍率の設定には無理のない対応が求められます。

V

特殊な役員退職金

1. 役員の分掌変更等の場合の退職給与

　法人税基本通達9-2-32《役員の分掌変更等の場合の退職給与》は、役員を辞任しなくても、実質的には退職したと認められる場合において、その役員に対して退職給与として支払った給与を法人税法上も退職給与と認める特例的な取扱いです。実務家の中では、分掌変更による役員退職給与の支給は、単純に通達の形式的な要件を満たせば、当然として損金算入が認められると認識されている方も少なくありません。しかし、会社法上の役員を辞任しないでも、役員退職給与の支給が認められるのは、明らかに特例的な措置であることから、通達の求める要件を正確に読み取って適用する必要があります。

＜法人税基本通達9-2-32　役員の分掌変更等の場合の退職給与＞

　法人が役員の分掌変更又は改選による再任等に際しその役員に対し退職給与として支給した給与については、その支給が、例えば次に掲げるような事実があったことによるものであるなど、その分掌変更等によりその役員としての地位又は職務の内容が激変し、実質的に退職したと同様の事情にあると認められることによるものである場合には、これを退職給与として取り扱うことができる。

(1)　常勤役員が非常勤役員（常時勤務していないものであっても代表権を有する者及び代表権は有しないが実質的にその法人の経営上主要な地位を占めていると認められる者を除く。）になったこと。

(2)　取締役が監査役（監査役でありながら実質的にその法人の経営上主要な地位を占めていると認められる者及びその法人の株主等で令第71条第1項第5号《使用人兼務役員とされない役員》に掲げる要件の全てを満たしている者を除く。）になったこと。

(3)　分掌変更等の後におけるその役員（その分掌変更等の後においてもその法人の経営上主要な地位を占めていると認められる者を除く。）の給

与が激減（おおむね 50％以上の減少）したこと。

(注) 本文の「退職給与として支給した給与」には、原則として、法人が未払金
　　等に計上した場合の当該未払金等の額は含まれない。

(1)　適用上の留意点

①　形式ではなく実質判定

　法人税基本通達 9-2-32 では、役員としての地位又は職務の内容が
激変し、実質的に退職したと同様の事情にあると認められるような場
合の例示を 3 つ挙げています。この例示に該当すれば、無条件に同通
達の適用が受けられるようなものではなく、実質的に退職したと同様
の事情になる可能性が高い例示に過ぎません。したがって、常勤役員
が非常勤になった、取締役が監査役になった、役員給与が 50％以上
減少したとしても、実質的に退職したと同様の事情になければ同通達
は適用されません。役員報酬の激減があった場合において、同通達の
適用が認められるかを争った事案で次のような見解が示されています。

　「役員報酬はその職務内容に応じた適正な額でなければならず、通
常、報酬等が激減した場合には、その職務内容が激変する場合が多い
ことから例示されているのであり、例えば、当該法人の業績不振を理
由として役員報酬が全体として半減された場合においては、ある役員
の分掌変更等が行われ、当該役員の報酬が半減されたとしても、必ず
しも当該役員の地位又は職務内容が激変したとはいえない。」（大裁平
16-06-25、TAINS コード F0-2-261）

②　経営上主要な地位

　法人税基本通達 9-2-32 の適用が難しいのは、同通達が適用されな
い者である「実質的にその法人の経営上主要な地位を占めている」に
該当するか否かを形式的に判断できないためです。

裁決例でも①筆頭株主であること、②取締役会等に出席して決議に参加していること、③従業員に指示を与えていること、④事業活動に広く関与していることなどをもって、総合的に判断した結果、「実質的にその法人の経営上主要な地位を占めている」とされた事例があります（東裁平 02-02-15、TAINS コード F0-2-023）。

分掌変更後も発行済株式の過半数を保有するような株主の場合には、その所有株式を通じていつでも会社の経営や経理に支配を及ぼし得る立場にあることから、単なる株主としての立場のみであって、経営に従事していないことの証明ができるような対応が求められます。

③　未払計上は認められない

法人税基本通達 9-2-32 の適用にあたって、過去の争いにおいて、よく争点となっていた論点に未払計上が挙げられます。通達上も注書きにおいて、未払計上は認めないことを明らかにされたので、今後は未払計上が争点になることは少なくなるでしょう。しかし、通達上「原則として」と定めていることから、例外的には未払計上が認められると判断することもできます。その例外的な取扱いは、一時的な資金繰りの都合での未払計上程度と考えられます。この例外的な取扱いの守備範囲について争われた事案で下記のような見解が示されています。

「退職によらない役員退職給与の損金算入を例外的に認める本件通達は、恣意的な損金算入などの弊害を防止する必要性に鑑み、原則として、法人が実際に支払ったものに限り適用されるべきであって、当該分掌変更等の時に当該支給がされなかったことが真に合理的な理由によるものである場合に限り、例外的に適用されるというべきである。」（平 24.3.27 裁決、TAINS コード J86-3-18）

④　分割支給の適用

法人税基本通達 9-2-32 は、役員の地位を形式的には維持しつつ、

実質的に退職したと同様の事情がある場合には、特例的に役員退職給与の支給を認める規定です。したがって、役員の退職は実現していないので、同通達 9-2-28《役員に対する退職金の損金算入の時期》に定められている「支給する都度に退職金として費用処理する方法」を適用できないと認識している実務家が多かったと思います。しかし、判例によって分掌変更であっても分割支給が認められることが明らかにされています（平 27.2.26 判決、TAINS コード Z265-12613）。同通達では、分割支給を制限するような表現ではなかったので、通達自体の改正は行われていませんが、法人税基本通達逐条解説において、下記のように分割支給が認められる旨の記載が追加されています。

　分掌変更による役員退職給与の分割支給は、分掌変更段階において①退職金の総額や②支払いの時期（特に終期）が明確に定められていることを条件として認められています。したがって、分掌変更で役員退職給与を分割支給するのであれば、必ず①退職金の総額や②支払いの時期（特に終期）を議事録に明記するように心掛けるべきでしょう。

【参考・法人税基本通達逐条解説 919 ページより抜粋】

> 　・・・ところで、このように、原則としては未払金等への計上を認めないとしていることとの関係上、退職金を分割して支払いその都度、損金算入するといったことも認められないのではないかと見る向きがある。この点、役員の分掌変更等が実質的に退職したと同様の事情にあることが前提であることは言うまでもないが、分割支払に至った事情に一定の合理性があり、かつ、分掌変更段階において退職金の総額や支払の時期（特に終期）が明確に定められている場合には、恣意的に退職金の額の分割計上を行ったと見ることは適当ではないことから、支払の都度損金算入することが認められると考えられる。

（出典：十訂版　法人税基本通達逐条解説　髙橋正朗　編著）

124　　Ｖ　特殊な役員退職金

Q 34　分掌変更通達とみなし役員

　当社（年１回３月決算）は、代表取締役Ａ氏が退任したことに伴い、役員退職金として 3,000 万円の支給を株主総会で決議しました。Ａ氏は、登記上の取締役ではなくなりましたが、社内的には相談役に就任してもらい月額 40 万円の給与を支給する予定です。代表取締役のときの最終報酬月額が 70 万円であり、50％以上の減少になっていないため、役員退職金が否認されるか心配です。相談役としての給与を月額 35 万円以下にすべきでしょうか？

解説

　分掌変更通達（法基通 9-2-32）は、法人税法上の役員の立場を維持しながらも、実質的に退職したと同様の事情がある場合には、特例的に役員退職給与の支給を認めるものです。役員としての地位又は職務の内容が激変し、実質的に退職したと同様の事情にあると認められるような場合の例示を３つ挙げています。この例示に該当すれば、無条件に同通達の適用が受けられるようなものではなく、実質的に退職したと同様の事情になる可能性が高い例示に過ぎません。

　ご質問のケースでは、代表取締役が代表権を有しなくなっただけではなく、取締役も辞任していることから会社法上の役員ではなくなっています。この時点で、基本的には分掌変更通達の適用外の事案となります。したがって、分掌変更通達の例示に合わせることを目的として給与を 50％以上減額する必要はありません。

　相談役としての地位で経営に従事していると認定されると、法人税法上のみなし役員に該当することになります（11 ページ参照）。相談役がみなし役員と認定されると会社法上の役員から法人税法上のみなし役員への変更があったことになります。会社法上の役員は、当然として法人税法上の役員になるので、法人税法上の役員である地位に変化がなかったことになります。そうすると、法人税法上の取扱いとしては退職がな

かったことになるので、退職の事実に基づく役員退職給与の損金算入が否認される可能性が生じます。

しかし、退職の事実がなくても、実質的に退職したと同様の事情にあると認められるような場合には分掌変更通達の準用の余地があると考えられています。ご質問のケースでは、①まず、みなし役員の判定を行ってから、②みなし役員に該当する可能性がある場合に分掌変更通達の準用を検討することになります。

みなし役員の要件には「経営に従事する」というものがあります。一方で、分掌変更通達の例示には、「その法人の経営上主要な地位を占めていると認められる者を除く」という除外規定が設けられており、経営上主要な地位を占めている者への役員退職給与の支給は認められません。みなし役員の要件である「経営に従事する」と分掌変更通達の「経営上主要な地位を占めている」は、非常に近い関係にあると考えられます。表現の違いからすると「経営上主要な地位を占めている」は「経営に従事する」よりも決裁権が強くて、上位の役職であると想像できますが、その差は客観的に捉えることができるものではありません。分掌変更通達における「経営上主要な地位を占めている」における「主要な地位」がどの程度の権限なのかも不明確です。個人的には、①みなし役員に該当すると認定された場合において、②分掌変更通達の準用によって役員退職給与としての損金算入が認められる可能性は低いと思います。

したがって、実務的には退職して相談役になったのであれば、まずはみなし役員に該当しないようにするために「経営に従事する」と認定されないような勤務体制を心掛けなければなりません。ご質問のケースのように給与を50％以上減額することも、分掌変更通達の例示とは切り離して、経営に従事しないことになった裏付けのひとつと捉えれば意味のある対応と考えられます。

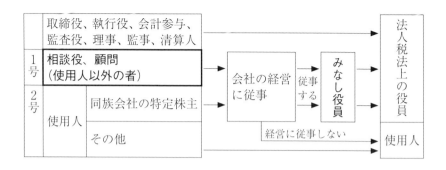

	判断ポイント
分掌変更通達	・役員としての地位又は職務の内容が激変し、実質的に退職したと同様の事情にあると認められるような場合（3つの例示） ・経営上主要な地位を占めていると認められる者を除く
みなし役員	・会社の経営に従事する者 ・相談役、顧問、同族会社の特定株主

Q 35　報酬激減の事実と実質判定の優先順位

当社（年1回3月決算）は、代表取締役が退任して、代表権のない非常勤の取締役とする予定です。定期給与の額は、200万円から50万円に減額することが決まっているので、分掌変更通達の例示の2つを満たしています。役員退職給与が否認されることはないと考えてよいでしょうか？

解説

分掌変更通達では、役員としての地位又は職務の内容が激変し、実質的に退職したと同様の事情にあると認められるような場合の例示を3つ挙げています。この例示に該当すれば、無条件に同通達の適用が受けられるようなものではなく、実質的に退職したと同様の事情になる可能性が高い例示に過ぎません。したがって、①常勤役員が非常勤になった、②取締役が監査役になった、③役員給与が50％以上減少したとしても、

実質的に退職したと同様の事情になければ同通達は適用されません。

　ご質問のケースでは、①常勤役員が非常勤になった、と③役員給与が50％以上減少した、の2つの例示に該当するので否認リスクが軽減されるとは思えます。しかし、役員としての地位又は職務の内容が激変し、実質的に退職したと同様の事情にあると認められるか否かがポイントなので、単純に否認リスクがないとは言い切れません。分掌変更通達の判断が難しいのは、「法人の経営上主要な地位を占めていると認められる者」に該当してしまうと、単純に例示に該当するような事案であっても、実質的に退職したと同様の事情にあると認められるような場合に該当しないとして、役員退職給与の損金算入が否認されてしまうことです。

　下記の裁判例でも、退任後の月額報酬が約3分の1に減額された前代表者の退職給与が否認されています。

【最高裁平成29年12月5日決定（抜粋）・TAINSコード：Z267-13093】

役員退任後も経営上主要な地位を占めていたことから、分掌変更により支給された退職給与が損金算入できないとされた事例

2　甲は、代表取締役に就任した後、原告の経営に関する法令上の代表権を有してはいたものの、原告の営業以外の業務や組織管理等の経営全般に関する経営責任者としての知識や経験等を十分に習得して自ら単独で経営判断を行うことができるようになるまでは、乙が、原告の経営について甲に対する指導と助言を行い、引き続き相談役として原告の経営判断に関与していたものと認められる。また、乙は、原告の幹部が集まる代表者会議に引き続き出席し、営業会議及び合同会議についても議事録の回付により経営の内容の報告を受けて確認し、10万円を超える支出の決済にも関与していた。さらに、乙は、原告の資金繰りに関する窓口役を務め、甲に代わって来客への対応を行うなどしており、対外的な関係においても経営上主要な地位を占めていたものと認められる。

3　以上の諸事情に鑑みると、乙は、原告の代表取締役を退任した後も、引き続き相談役として原告の経営判断に関与し、対内的にも対外的にも

原告の経営上主要な地位を占めていたものと認められるから、本件金員の支給及び退職金勘定への計上の当時、役員としての地位又は職務の内容が激変して実質的には退職したと同様の事情にあったとは認められないというべきである。

4　原告は、乙の月額報酬が、<u>代表取締役を退任する前の205万円から約3分の1に相当する70万円に引き下げられて激減しており</u>、これは、乙の地位や職務上の権限及び責任に激変があったことを示す事実であり、法人税基本通達9-2-32における役員の給与の激減に係る基準も充足するものである旨主張する。

　　しかしながら、乙が退任後も引き続き原告の経営判断に関与して甲への指導や助言を続けていたことなどに照らすと、乙・甲両名の変更後の月額報酬は、乙が引き続き原告の経営判断への関与及び甲への指導や助言を続けていたことを前提として定められたものとみるのが相当であり、<u>報酬の減額の事実は、乙の役員としての地位又は職務の内容が激変して実質的には退職したと同様の事情にあるとまでは認められないとの判断を左右するものではないというべきである。</u>

5　以上によれば、本件金員が法人税法34条1項括弧書き所定の「退職給与」に該当するとはいえないというべきである。

判決年月日　H29-01-12（H29-07-12）（H29-12-05）

国税庁訴資　Z267-12952（Z267-13033）（Z267-13093）

上告棄却・不受理

2. 役員退職給与の現物支給

(1) 現物支給と代物弁済

　現物支給は、当初から金銭以外の資産の引渡しをもって行われる給与等の支給形態です。この現物支給と類似する行為に代物弁済があります。代物弁済とは、民法 482 条において「弁済をすることができる者（以下「弁済者」という。）が、債権者との間で、債務者の負担した給付に代えて他の給付をすることにより債務を消滅させる旨の契約をした場合において、その弁済者が当該他の給付をしたとき」と定められています。消費税法基本通達 5-1-4 では、「債務者が債権者の承諾を得て、約定されていた弁済の手段に代えて他の給付をもって弁済する場合の資産の譲渡をいう」とされています。現物支給と代物弁済の大きな相違点は、現物の引渡しをすることが決まった時点です。現物支給は当初から金銭以外の現物での支給が決まっていたのに対して、代物弁済は事後的に現物での支給に変更した支給形態です。したがって、現金で支給する旨を決議して、債権債務が確定した後に、資金繰りの都合などにより現物による支給に変更するときは、代物弁済が行われたことになります。

(2) 現物給与の取扱い

　現物給与と称される給与の支給は、消費税の課税対象外取引（不課税取引）であるのに対して、代物弁済は消費税の課税対象取引と整理されています（消法 2 ①八）。

　現物給与については、消費税法基本通達 5-1-4 において、「その現物の給付が給与の支払に代えて行われるものではなく、単に現物を給付することとする場合のその現物の給付は、代物弁済に該当しないことに留

意する」と定められており、明確に取扱いを分けています。

　給与の支給については、支給対象物が金銭かそれ以外かでは消費税法上の取扱いは変わりません。消費税法2条1項12号において、給与所得に規定する給与等を対価とする役務の提供は課税仕入れには含まないと規定されており、消費税法基本通達11-1-2で、過去の労務の提供を給付原因とする退職金も同様と定められています。これらの規定において、支給対象物が金銭に限定するような内容はありません。つまり、受給者側で給与所得又は退職所得として支給される対価は、支給対象物が金銭かそれ以外かは問わず、消費税の課税対象には該当しないことになります。

＜消費税法2条（抜粋）＞

八　資産の譲渡等　事業として対価を得て行われる資産の譲渡及び貸付け並びに役務の提供（代物弁済による資産の譲渡その他対価を得て行われる資産の譲渡若しくは貸付け又は役務の提供に類する行為として政令で定めるものを含む。）をいう。

十二　課税仕入れ　事業者が、事業として他の者から資産を譲り受け、若しくは借り受け、又は役務の提供（所得税法第28条第1項《給与所得》に規定する給与等を対価とする役務の提供を除く。）を受けること（当該他の者が事業として当該資産を譲り渡し、若しくは貸し付け、又は当該役務の提供をしたとした場合に課税資産の譲渡等に該当することとなるもので、第7条第1項各号に掲げる資産の譲渡等に該当するもの及び第8条第1項その他の法律又は条約の規定により消費税が免除されるもの以外のものに限る。）をいう。

＜消費税法基本通達5-1-4　代物弁済の意義＞

　法第2条第1項第8号《資産の譲渡等の意義》に規定する「代物弁済に

2. 役員退職給与の現物支給　131

よる資産譲渡」とは、債務者が債権者の承諾を得て、約定されていた弁済の手段に代えて他の給付をもって弁済する場合の資産の譲渡をいうのであるから、例えば、いわゆる現物給与とされる現物による給付であっても、その現物の給付が給与の支払に代えて行われるものではなく、単に現物を給付することとする場合のその現物の給付は、代物弁済に該当しないことに留意する。

＜消費税法基本通達 11-1-2　給与等を対価とする役務の提供＞

　法第2条第1項第12号《課税仕入れの意義》の規定により、課税仕入れの範囲から除かれる「給与等を対価とする役務の提供」とは、雇用契約又はこれに準ずる契約に基づき給与等を対価として労務を提供することをいうのであるが、この場合の給与等には、俸給、給料、賃金、歳費、賞与及びこれらの性質を有する給与のほか、過去の労務の提供を給付原因とする退職金、年金等も該当することに留意する。

Q 36　役員退職給与の現物支給に係る手続き

　当社（年1回3月決算）は、代表取締役が退任して、時価1億円の土地を役員退職給与として現物支給する予定です。実際に現物支給を行うときにはどのような手続きが必要なのでしょうか？

解説

　役員退職給与を現物支給の形態で支給するのであれば、当初から現物支給であったことを明らかにする必要があります。役員退職給与は、株主総会の決議事項であることから、株主総会の議事録において、現物支給する旨を明確にすべきです。

　土地・建物などの会社が保有する資産を現物で支給するケースでは、その資産の時価を支給額として捉えるので、時価算定が非常に重要になります。支給する法人としては、支給する資産を売却して、その売却代

金を退職金の財源に回すことと課税所得の計算結果は変わりません。しかし、売却代金の金銭支給では、売却時に消費税の課税関係が生じるため、明確に使い分ける必要があります。

ご質問のケースのように、不動産を現物支給する場合には、不動産の名義を法人から退職した個人に移転することになるので、所有権移転登記が必要になります。そのときの登記事由にも注意が必要です。現物支給であれば「退職慰労金給付」という登記事由が望ましいでしょう。登記事由で課税関係が決定することはありませんが、仮に登記事由が売買又は代物弁済となっていると、消費税法上も課税対象取引として処理すべきと指摘されるリスクが生じます。

また、現物支給であっても金銭支給と同様に所得税及び住民税を課税することから、支給時には源泉徴収義務が課されます。現物支給の場合には金銭支給を併用するか源泉徴収税額相当額を受給者から回収する必要が生じます。

【株主総会議事録：退職慰労金の決定】

第○号議案　退任したＡ氏に対する、退職慰労金等の支給に関する件

　勤続年数が50年となった取締役Ａ氏が令和○年○月○日辞任したので、役員退職慰労金を支給したい旨を述べ、その金額、支給時期及び支給方法等は、役員退職慰労金支給規程の範囲内で決定すべきところ、かねてからＡ氏より当社保有の下記物件を買い取りたいとの申し出があったことから、役員退職慰労金は金銭支給ではなく、下記物件の現物支給としたい旨を述べ、議場に諮ったところ、満場一致をもって、これを承認可決した。

（不動産の表示）
所在　　　東京都新宿区新小川町１丁目
地番　　　17番２

> 2. 役員退職給与の現物支給　133

```
    地目      宅地
    地籍      1,000㎡
    時価      1億円（不動産鑑定士による鑑定評価）
```

【現物支給で差益が生じた場合】

　取得価額8,000万円、時価1億円の土地を退職金として現物支給した場合には、差額の2,000万円については損益を認識することになります。

退職金　1億円	/	土地　　　　　　　8,000万円
	/	固定資産売却益　2,000万円

【現物支給で損失が生じた場合】

　取得価額1億2,000万円、時価1億円の土地を退職金として現物支給した場合には、差額の2,000万円については損益を認識することになります。

退職金　　　　　　1億円	/	土地　　　1億2,000万円
固定資産売却損　2,000万円	/	

＊　固定資産売却損は、受給者への支給とは関係ないので、単純な損金として処理されます。

Q 37　役員退職給与の現物支給に係る会計処理

　当社（年1回3月決算）は、代表取締役が退任して、時価1億円の土地を役員退職給与として現物支給する予定です。その土地の帳簿価額は8,000万円なので、差額の2,000万円は会計上の利益となります。一方で、役員退職給与という費用科目と相殺することも可能かと思いますが税務上の注意点はありますか？

解説

　役員退職給与を現物により支給する場合には、当該現物の時価相当額

の役員退職給与の支給があったものとして取り扱われます。この場合の時価は、株主総会の決議等によって支給が確定した時点のものを使用します。

法人税法上の取扱いとしては、平成18年度の税制改正において、役員退職給与を損金算入するための損金経理要件が廃止されたことから、経理処理に影響を受けずに損金算入することができるようになっています。

ご質問のように、現物支給の対象となる資産の帳簿価額が8,000万円、時価が1億円の場合には、以下の2パターンの会計処理が考えられます。

① 時価を考慮しないで、土地の帳簿価額を費用科目に振り替えるだけの会計処理

　役員退職給与　8,000万円　／土地　　　　　　8,000万円

② 時価で役員退職給与を認識して、時価と帳簿価額の差額を認識する会計処理

　役員退職給与　　1億円　／土地　　　　　　8,000万円
　　　　　　　　　　　／固定資産売却益　2,000万円

①の会計処理では、時価と帳簿価額の差額2,000万円を損金経理していないことから、従前は損金算入が認められず、②の会計処理が強制されていました。しかし、現行の法人税法においては、株主総会の決議等のあった日の属する事業年度に損金算入するのであれば、いずれの会計処理においても課税所得は変わらないことになります。

なお、役員退職給与に係る源泉徴収税額の計算にあたっては、時価相当額である1億円を対象に計算することになりますので、会計処理も時価を考慮した②の方法を採用するケースが多いと思います。現物支給であっても金銭支給と同様に所得税及び住民税を源泉徴収することから、現物支給の場合には金銭支給を併用するか源泉徴収税額相当額を受給者から回収する必要が生じます。

3. 死亡役員退職給与

(1) 法人税法上の取扱い

　退職した役員に対する退職給与の損金算入時期は、原則として株主総会の決議等によりその額が具体的に確定した日の属する事業年度となりますが、法人が退職給与を支払った日の属する事業年度において支払った額を損金経理した場合は、支給日ベースでの損金算入を認めています。この取扱いは、役員退職給与の支給原因が死亡であっても変わりません。

　期中に死亡した役員に対する退職給与の支給決議が、翌期に開催される定時株主総会において行われることも考えられます。しかし、退職給与の早期支給は故人及び遺族に対する礼儀とされていることからも支給決議前に役員退職給与を支給して損金経理している場合は、支給日ベースでの損金算入が可能となります。

　一方で、役員退職給与は、会社法361条の取締役報酬又は387条の監査役報酬に該当するため、総会の承認前に支給することは違法であるという考え方もありますが、株主総会等において追認があれば違法にならないという見解が有力です。しかし、株主総会の開催にあたって、株主が同族関係者であることから、招集が容易であれば、株主総会の決議等を経てから支給すべきかと思います。

(2) 所得税法及び地方税法上の取扱い

　死亡退職金は相続人が相続により取得したものとみなされるため、所得税及び住民税では非課税所得であることから、退職給与についての源泉徴収は不要となります。したがって、退職所得の源泉徴収票などの作成も不要となります。

(3) 相続税法上の取扱い

　遺族が、死亡によって退職手当等を受け取った場合には、みなし相続財産として相続税の課税財産に加えられますが、一定の金額に相当する部分は非課税の規定があります。使用者が、死亡退職金を支給した場合には、退職手当等受給者別支払調書を提出する必要があります。また、弔慰金等については、業務上の死亡のときは死亡時の賞与以外の普通給与の3年分、業務外の死亡のときは6か月分以下の金額を遺族に対する哀悼の意を表すこともあり、みなし相続財産には含めません（相基通3-20）。

Q 38　福利厚生費として損金算入される弔慰金等の範囲

　当社（年1回3月決算）は、社内規程整備の一環で役員弔慰金規程を制定しようと考えています。相続税法上は、一定の金額を死亡役員退職金としてではなく、弔慰金としての取扱いを認めています。法人税法上、弔慰金としての支払いは、福利厚生費として認められるのでしょうか？

解説

　相続税法上は、死亡によって支給される退職手当等と弔慰金等を明確に分けています。退職手当等は、みなし相続財産として相続税の課税財産に加えられますが、一定の金額に相当する部分は非課税の規定があります。一方で、弔慰金等と認められる金額については、みなし相続財産には含めないので、相続税は課税されないことになります。弔慰金等を無制限に非課税とするのではなく、適正額を超える部分に相当する金額は退職手当金等に該当するものとして相続税の課税対象となります。

　法人税法上の規定では、弔慰金等の取扱いを定めたものはありません。相続税法基本通達3-20は、相続税法の法令解釈であって、単純に法人税法に準用することはできません。しかし、下記の国税庁質疑応答事例「贈与税の対象とならない弔慰金等」において、相続税法基本通達

3-20 により弔慰金等として取り扱ったものについては、社会通念上相当と認められる範囲内のものであると判断を示しています。法人から支給される弔慰金等は、遺族側では所得税基本通達 9-23《葬祭料、香典等》により課税されないことが示されており、法人側から捉えると、社会通念上相当と認められる範囲の弔慰金等を福利厚生費として支給したと整理することができます。

なお、裁決、判例においても、弔慰金等の損金算入額の計算には、適正な最終報酬月額を用いて相続税法基本通達 3-20 を適用しています。下記の大分地方裁判所平成 18 年（行ウ）第 8 号法人税更正処分等取消請求事件（一部認容）（確定）においても、論点は最終報酬月額の適正性であって、法人税法上の損金算入額の計算に相続税法基本通達 3-20 を準用することに疑義はないことが分かります。

仮に、この争いで課税庁の主張が認められて、当初の最終報酬月額が過大と認定されて、相続税法基本通達 3-20 の計算ベースとなる普通給与が減額された場合には、適正な弔慰金等の額も減額されることになります。弔慰金等として支給した金額が過大であった場合には、その過大となった金額が役員退職給与に含まれて、過大役員退職給与の判定が行われます。したがって、支払う法人側としては、弔慰金等として過大と認定されても、直ちに損金性が否認されるのではなく、役員退職給与に含めて、役員退職給与として過大か否かの判定が行われることになります。また、受領する遺族としても、弔慰金等が過大と認定されるとその過大とされた部分の金額は、非課税であった弔慰金等ではなく、みなし相続財産を構成することになると考えられます。

＜相続税法基本通達 3-20　弔慰金等の取扱い＞

　被相続人の死亡により相続人その他の者が受ける弔慰金、花輪代、葬祭料等（以下「弔慰金等」という。）については、3-18 及び 3-19 に該当す

ると認められるものを除き、次に掲げる金額を弔慰金等に相当する金額として取り扱い、当該金額を超える部分の金額があるときは、その超える部分に相当する金額は退職手当金等に該当するものとして取り扱うものとする。

(1) 被相続人の死亡が業務上の死亡であるときは、その雇用主等から受ける弔慰金等のうち、当該被相続人の死亡当時における賞与以外の普通給与（俸給、給料、賃金、扶養手当、勤務地手当、特殊勤務地手当等の合計額をいう。以下同じ。）の3年分（遺族の受ける弔慰金等の合計額のうち3-23に掲げるものからなる部分の金額が3年分を超えるときはその金額）に相当する金額

(2) 被相続人の死亡が業務上の死亡でないときは、その雇用主等から受ける弔慰金等のうち、当該被相続人の死亡当時における賞与以外の普通給与の半年分（遺族の受ける弔慰金等の合計額のうち3-23に掲げるものからなる部分の金額が半年分を超えるときはその金額）に相当する金額

【国税庁質疑応答事例　贈与税の対象とならない弔慰金等】

【照会要旨】

　法人又は個人からの弔慰金で社会通念上相当と認められるものは、所得税及び贈与税が課されないこととされています（所得税基本通達9-23、相続税法基本通達21の3-9）。

　ところで、これらの通達にいう「社会通念上相当と認められるもの」については具体的な金額が明らかではありませんが、相続税法基本通達3-20《弔慰金等の取扱い》により弔慰金等に相当する金額として取り扱われたものについては、個人からのものであっても法人からのものであっても課税されないと解してよいでしょうか。

【回答要旨】

　相続税法基本通達3-20により弔慰金等に相当する金額として取り扱われたものについては、個人からのものにあっては相続税法基本通達21の3-9《社交上必要と認められる香典等の非課税の取扱い》により、また、法人からのものにあっては所得税基本通達9-23《葬祭料、香典等》によ

り課税されないと解して差し支えありません。

　相続税法基本通達 3-20 の取扱いは、被相続人の死亡により相続人その他の者が受ける弔慰金等が実質退職手当等に該当するかどうか明確でないものについて、業務上死亡の場合には普通給与額の 3 年分相当額を、業務上の死亡でない場合には普通給与額の半年分相当額を弔慰金等（相続税は非課税）として取り扱い、これを超える部分を退職手当金等（相続税の課税対象）に該当するものとして取り扱うこととしています。

　仮に、この通達により弔慰金等として取り扱われたものの中に、社会通念上相当と認められる額を超える部分があるとすれば、本来、その部分は退職手当金等に該当するものとして取り扱うべきものであり、この通達により弔慰金等として取り扱ったものについては、社会通念上相当と認められる範囲内のものであると考えられます。

【平成 21 年 2 月 26 日判決（抜粋）・TAINS コード：Z259-11147】

大分地方裁判所平成 18 年（行ウ）第 8 号法人税更正処分等取消請求事件（一部認容）（確定）【税務訴訟資料　第 259 号 -34（順号 11147）】【裁判所ホームページ行政事件裁判例集】

納税者の主張	課税庁の主張	大分地裁の判断
乙の適正な最終報酬月額は 150 万円であって、その 6 か月分 900 万円が弔慰金として相当な額であり、全額損金算入を認めるべきである。	弔慰金の相当な額については、相続税法基本通達 3-20 の取扱いに準じて判断するのが合理的であり、当該通達によれば、乙の適正役員報酬月額 136 万 7690 円の 6 か月分である 820 万 6140 円が相当な額であり、これを超える 79 万 3860 円は、退職給与として取り扱われるべきである。	乙の最終報酬月額 150 万円に不相当に高額な部分はなく、相続税法基本通達 3-20 の取扱いに準じて判断すると、その 6 か月分 900 万円が弔慰金として相当な額となり、全額損金算入が認められる。

140　V　特殊な役員退職金

Q 39　定期給与を減額した場合の弔慰金等の計算

　当社（年1回3月決算）は、相続税法基本通達3-20に基づく役員弔慰金規程を制定しています。この度、取締役から厚生年金を満額受給したいので、月々の定期給与を減額して欲しいとの要望がありました。月々の定期給与が減額してしまうと、弔慰金等の額が減少すると思います。弔慰金等の計算に直前の定期給与以外を用いることは可能でしょうか？

解説

　相続税法基本通達3-20に定められている弔慰金等の計算では、被相続人の死亡当時における賞与以外の普通給与（俸給、給料、賃金、扶養手当、勤務地手当、特殊勤務地手当等の合計額をいいます。以下同じ）を基準にしています。被相続人の死亡が業務上の死亡であるときは、その普通給与の3年分、被相続人の死亡が業務上の死亡でないときは、半年分を弔慰金等の適正額としています。計算のベースとなる普通給与とは、賞与以外の定期的な給与と捉えることができます。

　ご質問のケースのように、定期給与の減額を行うと、弔慰金等の計算のベースとなる普通給与が減額しているので、相続税法基本通達3-20に準じて弔慰金等を計算すると、支給できる弔慰金等も減少することになってしまいます。しかし、これまでの功績等を全く考慮しないで、死亡当時における賞与以外の普通給与のみで弔慰金等が決められることに違和感を覚える方も多いと思います。この考え方に類似するものとして、役員退職給与の適正額を算定するための功績倍率法における最終報酬月額が挙げられます（Q29参照）。功績倍率法を適用するにあたって重要なポイントは、最終報酬月額が死亡した役員のこれまでの功績の程度を適正に反映していることです。いくらであれば功績の程度を適正に反映しているのかを形式的に判断することはできません。しかし、退職の直前に当該退職役員の報酬が大幅に引き下げられた場合には、功績の程度を適正に反映しているとは言えないと思います。

相続税法基本通達 3-20 に定められている普通給与の額を直接の争点とした事案はないのですが、功績倍率法の適用にあたって使用する最終報酬月額が弔慰金等の計算における普通給与と同義であることを前提として、最終報酬月額の捉え方を争点とした下記のような事案があります。この事案では、実際の最終報酬月額は 5 万円ですが、最終的には41 万 2500 円を適正な最終報酬月額として役員退職給与及び弔慰金等を計算しています。したがって、死亡当時における賞与以外の普通給与のみで弔慰金等が決められるとは言い切れません。しかし、課税庁サイドは、実際の支給額である 5 万円をベースとして弔慰金等の額を更正していますので、実際の普通給与以外の金額をベースに弔慰金等を計算した場合には、税務調査での確認事項になる可能性は高いと思います。

【平成 5 年 6 月 29 日判決（抜粋）・TAINS コード：Z195-7150】

高松地裁平成 4 年（行ウ）第 2 号法人税更正処分等取消請求事件（棄却）（確定）【税務訴訟資料第 195 号 709 頁】	
納税者の主張	課税庁の主張
退職給与として相当な金額については、法人税法施行令 72 条は、3 つの基準によって判断すべしと定めているが、「等」という文言が付加されているように、これらの基準のみを機械的に適用して判断するのではなく、これらの基準は例示に過ぎず、その他諸般の事情をも総合的に斟酌して判定すべきである。	会長 A 氏の最終報酬月額は 5 万円である。A 氏は原告設立から死亡するまで入退院を繰り返しており、常勤して仕入れや金融機関との折衝をしていたとは認めがたく、右金額は同人の原告に対する貢献度、功績を適正に反映したものである。
裁判所の判断	
会長 A 氏の最終報酬月額が 5 万円であったことは当事者間に争いがない。これらの事実に前記で認定した前法人時代からの取引先や A 氏の事	

業経験を原告に引き継がせたことを合わせ考慮すると、A氏の役員報酬月額5万円はA氏の功績を適正に反映したものとしては低額に過ぎ、A氏の適正報酬月額は代表取締役B氏の報酬月額平成元年8月分75万円と同年9月分90万円の平均額82万5000円の2分の1の額の41万2500円と認めるのが相当である。

会長A氏は肝硬変、肝細胞癌により死亡しており、同人の死亡は業務上の死亡でないから、弔慰金の相当な額は、前記で認定したA氏の適正な報酬月額41万2500円の6か月分の247万5000円となる。

そうすると、原告が弔慰金として損金経理した500万円のうち247万5000円を超える252万5000円については、死亡退職に起因して支給される役員退職給与であると認めるのが相当である。

Q 40 事前確定届出給与の額を増やして定期同額給与の額を少なくした場合の弔慰金等

当社（年1回3月決算）は、代表取締役の役員給与について、前年度は年額1,800万円（月々150万円）としていましたが、次回の定時株主総会において、総額は変えずに、毎月の定期給与の額を10万円とし、7月に1,680万円の事前確定届出給与を支給するように変更したいと考えています。相続税法基本通達3-20に定める弔慰金等の計算では、月々10万円をベースとして計算するのでしょうか？

解説

前問Q39で確認したように相続税法基本通達3-20に定められている弔慰金等の計算のベースとなる普通給与とは、賞与以外の定期的な給与と捉えることができます。

ここで問題になるのは、事前確定届出給与が相続税法基本通達3-20における賞与に該当するか否かです。賞与の意義については、所得税基本通達183-1の2の注書きで、事前確定届出給与は賞与に該当すると定

3. 死亡役員退職給与　　143

められています。源泉徴収に係る通達であることから、源泉徴収税額の計算上は、「給与所得の源泉徴収税額表（月額表）」ではなく、「賞与に対する源泉徴収税額の算出率の表」を使うことが明らかにされています。社会保険料の計算においても、事前確定届出給与は賞与として捉えていることから、給与計算上の平仄は合っていることになります。一方で、所得税基本通達183-1の2では、所得税法183条2項に規定する賞与の意義を明らかにしただけであって、相続税法基本通達3-20における賞与の意義と一致するとは言い切れません。

　ご質問のように、職務執行の対価である役員給与の総額を変えずに、定期給与と事前確定届出給与の内訳を変えたことで、弔慰金等の額が変動することに違和感を覚える方も多いと思います。この論点は、役員退職給与の適正額の計算における功績倍率法の最終報酬月額と同様と整理することができます（Q31参照）。実際の定期給与のみを普通給与と捉えると月々150万円と月々10万円とでは、弔慰金等の額は15倍もの差が生じます。役員給与の総額を変えずに、定期給与と事前確定届出給与の内訳を変えたとしても、福利厚生制度として支給される弔慰金等の額は変動すべきではないと思います。

　事前確定届出給与は、株主総会の決議等で支給額、支給日が確定していることから、利益調整の余地もなく、恣意性が排除されています。さらに、定期給与と事前確定届出給与は、両者とも職務執行の対価であって、それぞれの支給方法が異なるだけです。相続税法基本通達3-20は、福利厚生制度に関係する規定であることから、本質的に公平であることが求められます。したがって、個人的は、形式的に支給方法を変えたとしても弔慰金等に額には影響させるべきではなく、普通給与に事前確定届出給与を含めることができるべきだと思います。

　しかし、この論点での直接的な裁決、判例等が見当たりませんが、間接的なものとして、111ページの裁決において、事前確定届出給与を賞与として捉えています。この裁決例からすると、所得税基本通達183-1

の２の賞与の意義は、所得税法のみではなく、法人税法にも準用されると読み取れます。さらに、相続税法にも準用されると事前確定届出給与は相続税法基本通達3-20における賞与と整理されることになります。

実務的には、相続税法基本通達3-20に準じて弔慰金等の額を計算する場合には、事前確定届出給与を賞与と捉えて、定期給与の額を普通給与として計算することがリスクを回避した対応と考えられます。

一方で、相続税法基本通達3-20の賞与以外の普通給与にとらわれず、死亡した役員のこれまでの功績の程度を適正に反映した最終報酬月額をベースに弔慰金を計算することも可能だと考えられます。

＜所得税基本通達183-1の２ 賞与の意義＞

所得税法第183条第２項に規定する賞与とは、定期の給与とは別に支払われる給与等で、賞与、ボーナス、夏期手当、年末手当、期末手当等の名目で支給されるものその他これらに類するものをいう。なお、給与等が賞与の性質を有するかどうか明らかでない場合には、次に掲げるようなものは賞与に該当するものとする。

　イ　純益を基準として支給されるもの

　ロ　あらかじめ支給額又は支給基準の定めのないもの

　ハ　あらかじめ支給期の定めのないもの。ただし、雇用契約そのものが臨時である場合のものを除く。

(注) 次に掲げる給与については、賞与に該当することに留意する。

　　1　法人税法第34条第１項第２号《事前確定届出給与》に規定する給与（他に定期の給与を受けていない者に対して継続して毎年所定の時期に定額を支給する旨の定めに基づき支給されるものを除く。）

　　2　法人税法第34条第１項第３号に規定する業績連動給与

VI

生命保険

1. 通達改正の概要

(1) 令和元年改正の趣旨

　令和元年6月に改正が行われるまでは、保険期間の前半において支払う保険料の中に相当多額の前払部分の保険料が含まれていることに基因して、中途解約をした場合にはその前払部分の保険料の多くが返戻されるような保険については、個別通達により、その支払保険料の損金算入時期等に関する取扱いの適正化を図ってきました。

　しかし、個別通達の発遣後相当年月を経過し、①保険会社各社の商品設計の多様化や長寿命化等により、それぞれの保険の保険料に含まれる前払部分の保険料の割合にも変化が見られること、②類似する商品であっても個別通達に該当するか否かで取扱いに差異が生じていること、③前払部分の保険料の割合が高い同一の商品であっても加入年齢や保険期間の長短により取扱いが異なること、④第三分野保険のうち個別通達に定めるもの以外はその取扱いが明らかではなかったなどの不具合が生じていました。そこで、各保険商品の実態を確認して、その実態に応じた取扱いとなるよう資産計上ルールの見直しを行うとともに、類似する商品や第三分野保険の取扱いに差異が生じることのないよう定期保険及び第三分野保険の保険料に関する取扱いが統一されました。

　具体的には、商品ごとに個別通達で対応してきたものが廃止されて、法人税基本通達でカバーできるように下記のように改組されています。

1. 通達改正の概要

【用語の確認】

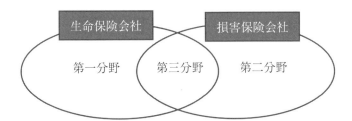

第一分野	生命保険：生命保険会社が取り扱う	「終身保険・**定期保険**・養老保険」「学資保険」「個人年金保険」
第二分野	損害保険：損害保険会社が取り扱う	「火災保険」「自動車保険」「傷害保険」「賠償責任保険」
第三分野	医療保険：生保と損保が取り扱う	<u>「医療保険」「がん保険」「女性保険」「就業不能保険」</u>

【改正後の枠組み】

法基通 9-3-5 原則的取扱い	定期保険及び第三分野保険に係る保険料	定期保険、解約返戻金のないがん保険、医療保険
法基通 9-3-5 の 2 特例的取扱い	定期保険等の保険料に相当多額の前払部分の保険料が含まれている場合の取扱い	逓増定期保険、長期平準定期保険、解約返戻金のあるがん保険

【保険通達・新旧対照表】

改正前	改正後
個別通達	
平成 24 年 4 月 27 日付課法 2-5 他 1 課共同「法人が支払う「がん保険」（終身保障タイプ）の保険料の取扱いについて（法令解釈通達）」	廃止
平成 13 年 8 月 10 日付課審 4-100 他 1 課共同「法人契約の「がん保険（終身保障タイプ）・医療保険（終身保障タイプ）」の保険料の取扱いについて（法令解釈通達）	廃止

平成元年 12 月 16 日付直審 4-52 他 1 課共同「法人又は個人事業者が支払う介護費用保険の保険料の取扱いについて」	廃止
昭和 62 年 6 月 16 日付直法 2-2「法人が支払う長期平準定期保険等の保険料の取扱いについて」	廃止
昭和 54 年 6 月 8 日付直審 4-18「法人契約の新成人病保険の保険料の取扱いについて」	廃止
基本通達（概要のみ）	
（定期保険に係る保険料） 9-3-5	（定期保険及び第三分野保険に係る保険料）9-3-5 概要：第三分野保険の取り込み
新設	（定期保険等の保険料に相当多額の前払部分の保険料が含まれる場合の取扱い） 9-3-5 の 2 概要：解約返戻金の多い保険の整理
（定期付養老保険に係る保険料） 9-3-6	（定期付養老保険等に係る保険料） 9-3-6 概要：第三分野保険の取り込み
（傷害特約等に係る保険料） 9-3-6 の 2	（特約に係る保険料） 9-3-6 の 2 概要：第三分野保険の取り込み
（保険契約の転換をした場合） 9-3-7	（保険契約の転換をした場合） 9-3-7 概要：定期保険、第三分野保険の取り込み
（払済保険へ変更した場合） 9-3-7 の 2	（払済保険へ変更した場合） 9-3-7 の 2 概要：定期保険、第三分野保険の取り込み

(2) 令和元年改正通達の適用時期

　改正後の法人税基本通達の取扱い（解約返戻金相当額のない短期払の定期保険又は第三分野保険を除きます。）は、令和元年7月8日以後の契約に係る定期保険又は第三分野保険の保険料について適用されますので、同日前の契約に遡って改正後の取扱いが適用されることはありません。

　また、法人税基本通達9-3-5の（注）2に定められている解約返戻金相当額のない短期払の定期保険又は第三分野保険の保険料については、令和元年10月8日以後の契約に係るものについて、改正後の取扱いが適用されますので、同日前の契約に遡って改正後の取扱いが適用されることはありません。

　なお、上記のそれぞれの日前の契約に係る定期保険又は第三分野保険の保険料については、引き続き、改正前の法基通若しくは連基通又は廃止前の各個別通達の取扱いの例によることとなります。

【保険通達の適用関係】

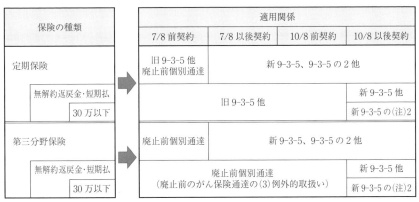

（出典：国税庁「定期保険及び第三分野に係る保険料の取扱いに関するFAQ」より）

(3) 令和3年改正の趣旨

　所得税法上、使用者が、役員又は使用人に対して、生命保険契約若しくは損害保険契約又はこれらに類する共済契約（以下「保険契約等」といいます。）に関する権利を支給した場合には、支給時において保険契約等を解約した場合に支払われることとなる解約返戻金の額（解約返戻金のほかに支払われることとなる前納保険料の金額、剰余金の分配額等がある場合には、これらの金額との合計額。以下「支給時解約返戻金の額」といいます。）で評価すると取り扱っていました。

　しかし、「低解約返戻金型保険」や「復旧することのできる払済保険」など解約返戻金の額が著しく低いと認められる保険契約等については、第三者との通常の取引において低い解約返戻金の額で名義変更等を行うことは想定されないため、支給時解約返戻金の額で評価することは適当でないことから、法人税基本通達9-3-5の2の適用によって処理された支給時資産計上額に基づく金額で評価するように改正されています。

　この改正によって、「低解約返戻金型保険」を利用した名義変更スキームと称されていた節税方法が利用できなくなったことで、生命保険を利用した過度な節税ができなくなったと言われています。

	評価額	
	改正前	改正後
低解約返戻金型保険 （支給時解約返戻金の額＜支給時資産計上額×70％のもの）	支給時解約返戻金の額	支給時資産計上額
復旧可能な払済保険等 （元の契約が法人税基本通達9-3-5の2の適用を受けるもの）	支給時解約返戻金の額	支給時資産計上額＋法人税基本通達9-3-7の2の取扱いによる損金算入額

＊法人税基本通達9-3-5の2は、令和元年通達改正で新設された通達です（161頁参照）。

⑷ 令和 3 年改正通達の適用時期

　改正後の所得税基本通達の取扱いは、法人税基本通達 9-3-5 の 2 の適用を受ける保険契約等に関する権利について適用されるので、令和元年 7 月 8 日以後に締結した保険契約等が対象となり、使用者が、役員又は使用人に対して、その令和元年 7 月 8 日以後に締結した保険契約等に関する権利を令和 3 年 7 月 1 日以後に支給した場合に適用されます。

　したがって、保険契約等の締結時期と支給時期に注意する必要があります。

		支給時期	
		令和 3 年 7 月 1 日前	令和 3 年 7 月 1 日以後
契約締結時期	令和元年 7 月 8 日前	×	×
	令和元年 7 月 8 日以後	×	○

適用あり○、適用なし×

⑸ 令和 3 年改正通達の名義変更スキームへの当てはめ

　使用者である法人が、契約者として保険料を払い込んでいた場合において、その契約者としての地位（権利）や保険金受取人としての地位（権利）を、役員又は使用人（以下「役員等」といいます。）に支給するような場合を前提として、当該地位（権利）の評価の方法を定めています。具体的には、法人側では給与等として処理すべき金額と、役員等としては給与所得又は退職所得の収入金額とすべき金額を定めています。

　実務的には名義変更スキームへの適用を前提とすると、法人が個人へ売却する金額と、個人が法人から買い取る金額を定めたと捉えることができます。また、個人としては、保険契約の買取金額になるので、一時所得の金額における総収入金額から控除する「収入を得るために支出した金額」に該当することになります。

2. 法人税基本通達 9-3-5（定期保険及び第三分野保険に係る保険料）

▮(1) 通達改正の概要

　定期保険及び第三分野保険（以下、定期保険等といいます。）の原則的な取扱いは、法人税基本通達 9-3-5 に定められており、期間の経過に応じて損金の額に算入することとなります。一方で、保険期間が 3 年以上で最高解約返戻率 50％超の定期保険等は、同通達 9-3-5 の 2 の適用により、保険料の一部を資産計上することになります。最高解約返戻率によって、適用する通達を決めることになっています。これまで、最高解約返戻率は、高ければ高いほど得をするようなイメージでしかなかったものが、改正後は適用通達を左右する重要な指標となっています。

　法人税基本通達 9-3-5 の内容は、第三分野保険が組み込まれたことで適用する保険の範囲が広がりましたが、処理方法などは従前の取扱いから大きな変化はありません。死亡受取人等や加入方法によって、以下の 3 パターンに分けて定められています。

> ① 　死亡保険金等の受取人が法人である場合には、その支払った保険料の額は、期間の経過に応じて損金の額に算入する。
> ② 　死亡保険金等の受取人が被保険者の遺族である場合には、普遍的加入を要件として、その支払った保険料の額は、期間の経過に応じて損金の額に算入する。
> ③ 　死亡保険金等の受取人が被保険者の遺族である場合には、普遍的加入ではないときには、保険料の額は、被保険者である役員又は使用人に対する給与となる。
>
> 　今般の通達改正における取扱いの変更点は、以下のとおりです。

2. 法人税基本通達 9-3-5（定期保険及び第三分野保険に係る保険料）　　153

イ　保険期間が終身で保険料の払込期間が有期である保険について
　　は、保険期間の開始の日から被保険者の年齢が116歳に達する日
　　までを計算上の保険期間とすること
ロ　「解約返戻金のない短期払の定期保険又は第三分野保険」の保険
　　料については、年間の支払保険料30万円以下を要件に、支払日の
　　属する事業年度での損金算入を認めること

＜法人税基本通達 9-3-5　新旧対照表＞

改正前	改正後
（定期保険に係る保険料） 9-3-5　法人が、自己を契約者とし、役員又は使用人（これらの者の親族を含む。）を被保険者とする定期保険（一定期間内における被保険者の死亡を保険事故とする生命保険をいい、傷害特約等の特約が付されているものを含む。以下9-3-7までにおいて同じ。）に加入してその保険料を支払った場合には、その支払った保険料の額（傷害特約等の特約に係る保険料の額を除く。）については、次に掲げる場合の区分に応じ、それぞれ次により取り扱うものとする。 (1)　死亡保険金の受取人が当該法人である場合　その支払った保険料の額は、期間の経過に応じて損金の額に算入する。 (2)　死亡保険金の受取人が被保険者の遺族である場合　その支払った保険料の額は、期間の経過に応じて損金の額に算入する。ただし、役員又は部課長その他特定の使用人（これらの者の親族を含む。）のみを被保険者としている場合には、当該保険料の額は、当該役員又は使用人に対す	（定期保険及び第三分野保険に係る保険料） 9-3-5　法人が、自己を契約者とし、役員又は使用人（これらの者の親族を含む。）を被保険者とする定期保険（一定期間内における被保険者の死亡を保険事故とする生命保険をいい、特約が付されているものを含む。以下9-3-7の2までにおいて同じ。）又は第三分野保険（保険業法第3条第4項第2号《免許》に掲げる保険（これに類するものを含む。）をいい、特約が付されているものを含む。以下9-3-7の2までにおいて同じ。）に加入してその保険料を支払った場合には、その支払った保険料の額（特約に係る保険料の額を除く。以下9-3-5の2までにおいて同じ。）については、9-3-5の2《定期保険等の保険料に相当多額の前払部分の保険料が含まれる場合の取扱い》の適用を受けるものを除き、次に掲げる場合の区分に応じ、それぞれ次により取り扱うものとする。 (1)　保険金又は給付金の受取人が当該法人である場合　その支払った保

る給与とする。

険料の額は、原則として、期間の経過に応じて損金の額に算入する。
(2) 保険金又は給付金の受取人が被保険者又はその遺族である場合　その支払った保険料の額は、原則として、期間の経過に応じて損金の額に算入する。ただし、役員又は部課長その他特定の使用人（これらの者の親族を含む。）のみを被保険者としている場合には、当該保険料の額は、当該役員又は使用人に対する給与とする。
(注) 1　保険期間が終身である第三分野保険については、保険期間の開始の日から被保険者の年齢が116歳に達する日までを計算上の保険期間とする。
　　 2　(1)及び(2)前段の取扱いについては、法人が、保険期間を通じて解約返戻金相当額のない定期保険又は第三分野保険（ごく少額の払戻金のある契約を含み、保険料の払込期間が保険期間より短いものに限る。以下9-3-5において「解約返戻金相当額のない短期払の定期保険又は第三分野保険」という。）に加入した場合において、当該事業年度に支払った保険料の額（一の被保険者につき2以上の解約返戻金相当額のない短期払の定期保険又は第三分野保険に加入している場合にはそれぞれについて支払った保険料の額の合計額）が30万円以下であるものについて、その支払った日の属する事業年度の損金の額に算入しているときには、これを認める。

2. 法人税基本通達 9-3-5（定期保険及び第三分野保険に係る保険料）　155

(2) 解約返戻金相当額のない短期払の定期保険等（30 万円以下特例）

　法人税基本通達 9-3-5 の適用を受ける保険料の額は、原則として、保険期間の経過に応じて損金の額に算入することとなります。しかし、納税者の事務負担に配慮し、保険期間を通じて解約返戻金相当額のない短期払の定期保険又は第三分野保険に加入した場合において、一の被保険者につき当該事業年度に支払った保険料の額が 30 万円以下であるものについて、その支払った日の属する事業年度の損金の額に算入しているときには、その処理が認められます。

　解約返戻金相当額のない短期払の定期保険等は、これまで全額損金算入が認められていたので、過度な節税商品として問題視されてきました。令和元年通達改正においても、特例的な処理を廃止して、原則的な処理に戻って保険期間の経過に応じた損金処理となる可能性が噂されていました。しかし、結果的には一の被保険者につき当該事業年度に支払った保険料の額が 30 万円以下と少額であれば全額損金算入を認めることになっています。実務的には、全額損金算入が認められる 30 万円以下の保険をどのように管理するかがポイントになると思います。

　なお、役員又は部課長その他特定の使用人（これらの者の親族を含みます。）のみを被保険者としている場合で、その保険料の額が当該役員又は使用人に対する給与となるものについては、上記 30 万円以下の特例の適用はありません。

Q 41 解約返戻金相当額のない短期払の定期保険等が節税商品であった理由

　当社（年 1 回 3 月決算）は、被保険者：役員、給付受取人：法人とする解約返戻金相当額のない短期払のがん保険に令和元年 9 月に加入しました。通達改正前の適用を受けるためには、10 月 8 日までに契約するよう

156　Ⅵ　生命保険

に勧められたのですが、解約返戻金のない掛け捨て保険にどのようなメリットがあるのでしょうか？

解説

　令和元年通達改正前の「法人が支払う『がん保険』（終身保障タイプ）の保険料の取扱いについて（法令解釈通達）」では「2(3)例外的取扱い」において、保険期間が終身で保険料の払込期間が有期の保険のうち、保険契約の解約等において払戻金のないものは、保険料の払込の都度損金算入が認められていました。つまり、保険料を負担する法人としては、保障に対して割高であっても、支払い時に全額損金算入となる短期間の保険料負担で、終身の保障を得ることができました。法人が保険料を支払うという事象のみであれば、法人が割高な保険料を負担しただけなので、問題視される節税商品とは言えません。

　多くのケースで保険料の支払いを終えた後に法人契約から個人契約へ保険の名義を変更することにより、一生涯の保障が個人へと引き継ぎます。保険料の支払いが済んでから名義変更を行うので、名義変更後の個人での保険料負担はありません。名義変更を行うということは、新しい契約者である個人は、これまで保険料を負担してきた法人から、時価相当額で保険契約を買い取ることになります。ここで問題になるのは、保険契約の時価相当額の算定です。最高解約返戻率が50％以下となる保険契約の時価相当額は、所得税基本通達36-37に定められている解約返戻金の額とされています。したがって、名義変更時点の解約返戻金が低いと、個人における生命保険の買取価格が安くなることになります。ご質問のケースでは、解約返戻金がないようなので、無償で個人へ名義変更することができます。解約返戻金相当額のない短期払の定期保険等の名義変更スキームは、本来であれば個人が負担すべき個人の保障に係る保険料を法人が費用負担して、法人が保険料の負担を終えた保険契約を個人に無償又は低廉で譲渡することで、保険契約を個人に帰属させるも

のです。

　令和元年通達改正では、法人が支払った保険料の額は、原則として、保険期間の経過に応じて損金の額に算入することになりましたが、法人税基本通達 9-3-5 の（注）2 に定められているように「解約返戻金相当額のない短期払の定期保険又は第三分野保険」のうちで、少額な保険契約については継続して支払い時に全額損金算入が認められています。したがって、令和元年通達改正後も上述したような名義変更スキームは存置されたことになります。全額損金算入が認められる少額な保険契約とは、一の被保険者につき当該事業年度に支払った保険料の額が 30 万円以下であるものとされています。

Q 42　解約返戻金相当額のない短期払の定期保険等の 30 万円以下特例

　当社（年 1 回 3 月決算）は、被保険者：役員、給付金受取人：法人とする解約返戻金相当額のない短期払のがん保険（年払保険料 25 万円）に令和 2 年 3 月に加入する予定です。一事業年度に支払う保険料を一の被保険者あたり 30 万円以下に設定して全額損金算入する予定ですが、何か注意すべきことはありますか？

解説

　令和元年通達改正では、法人が支払った定期保険等の保険料の額は、原則として、保険期間の経過に応じて損金の額に算入することになりましたが、法人税基本通達 9-3-5 の（注）2 に定められているように「解約返戻金相当額のない短期払の定期保険又は第三分野保険」のうちで、少額な保険契約については継続して支払い時に全額損金算入が認められています。全額損金算入が認められる少額な保険契約とは、一の被保険者につき当該事業年度に支払った保険料の額が 30 万円以下であるものとされています。

158　Ⅵ　生命保険

【「短期払いのがん保険等」の取扱い】

改正前	改正後		
年間の支払保険料の多寡に関わらず、支払日の属する事業年度で損金算入		支払保険料	損金算入時期
	原則	年間支払保険料30万円超	保険期間の経過に応じて損金算入
改正前の取扱いは例外として存置	例外	年間支払保険料30万円未満	支払日の属する事業年度で損金算入

　当該事業年度に支払った保険料の額が30万円以下か否かについては、①一の被保険者に係る保険料の合計額が30万円以下になっているか、②契約の追加又は解約があった場合に一事業年度の保険料が30万円以下になっているか、に留意する必要があります。なお、令和元年改正通達の適用日（令和元年10月8日）前に契約した「解約返戻金相当額のない短期払の定期保険又は第三分野保険」に係る支払保険料の額は判定に含める必要はありません。

①　一の被保険者に係る保険料の合計額が30万円以下の判定

　一の被保険者につき、法人税基本通達9-3-5の（注）2に定められている「解約返戻金相当額のない短期払の定期保険又は第三分野保険」に複数加入している場合は、保険会社や保険契約への加入時期の違いにかかわらず、そのすべての保険について当該事業年度に支払った保険料の額を合計して判定することとなります。したがって、ご質問のケースのように、新たに年払保険料25万円の無解約返戻金型終身がん保険（払込期間3年）に加入したとしても、既に年払保険料20万円の無解約返戻金型医療保険（保険期間が終身、払込期間10年）に加入していたとすると、一事業年度に支払う保険料の合計額が30万円超となっているので、いずれの保険料についても、同通達の（注）2の取扱いは認められず、それぞれの保険期間（保険期間の開始から116歳までの期間）の経過に応じて損金算入することとなります。

解約返戻金相当額のない短期払の定期保険又は第三分野保険における令和元年通達改正後の法人税基本通達の取扱いは、令和元年10月8日以後の契約に適用されますので、当該事業年度に支払った保険料の額が30万円以下か否かの判定も令和元年10月8日以後の契約である保険契約を集計することになります。

> 設例の前提：がん保険、保険期間・終身、払込期間・3年（有期払）、解約返戻金・なし、加入年齢・56歳

＜被保険者の年間の支払保険料が25万円のみのケース＞

＜既存の契約と合算した被保険者の年間の支払保険料が45万円（既存：20万＋新規25万）のケース＞

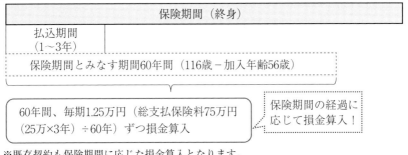

※既存契約も保険期間に応じた損金算入となります。

② 契約の追加又は解約があった場合

　最初に加入した定期保険又は第三分野保険の年払保険料の額が30万円以下で、事業年度の途中で追加加入した定期保険又は第三分野保険について当該事業年度に支払った保険料の額との合計額が30万円超となる場合には、当該事業年度に支払ったいずれの保険料について

も、同通達の（注）2の取扱いは認められず、それぞれの保険期間の経過に応じて損金の額に算入することとなります。

反対に、2つの定期保険又は第三分野保険に加入している場合で、事業年度の途中に一方の保険を解約等したことにより、当該事業年度に支払った保険料の合計額が30万円以下となるときには、当該事業年度に支払った保険料の額を当期の損金の額に算入することができます。

3. 法人税基本通達 9-3-5 の 2 (定期保険等の保険料に相当多額の前払部分の保険料が含まれる場合の取扱い)

(1) 通達改正の概要

　定期保険等の原則的な取扱いは、法人税基本通達 9-3-5 に定められており、期間の経過に応じて損金の額に算入することとなります。一方で、保険期間が 3 年以上で最高解約返戻率 50％超の定期保険等は、同通達 9-3-5 の 2 の適用により、保険料の一部を資産計上することになります。最高解約返戻率によって、適用する通達が同通達 9-3-5 なのか、同通達 9-3-5 の 2 なのかが決まることになります。同通達 9-3-5 の 2 の適用においても、①最高解約返戻率 50％超 70％以下、②最高解約返戻率 70％超 85％以下、③最高解約返戻率 85％超に分けて取扱いが定められています。

　しかし、保険期間が 3 年以上の定期保険等のうちで最高解約返戻率が 50％超 70％以下のもので、一の者を被保険者として、その法人が加入している全ての定期保険等に係る年換算保険料相当額の合計額が 30 万円以下の場合には、法人税基本通達 9-3-5 を適用することになるので、期間の経過に応じて損金の額に算入することが認められています。

＜法人税基本通達 9-3-5 の 2　定期保険等の保険料に相当多額の前払部分の保険料が含まれる場合の取扱い＞

　法人が、自己を契約者とし、役員又は使用人（これらの者の親族を含む。）を被保険者とする保険期間が 3 年以上の定期保険又は第三分野保険（以下 9-3-5 の 2 において「定期保険等」という。）で最高解約返戻率が 50％を超えるものに加入して、その保険料を支払った場合には、当期分支

162 Ⅵ 生命保険

払保険料の額については、次表に定める区分に応じ、それぞれ次により取り扱うものとする。ただし、これらの保険のうち、最高解約返戻率が70％以下で、かつ、年換算保険料相当額（一の被保険者につき2以上の定期保険等に加入している場合にはそれぞれの年換算保険料相当額の合計額）が30万円以下の保険に係る保険料を支払った場合については、9-3-5の例によるものとする。

(1) 当該事業年度に次表の資産計上期間がある場合には、当期分支払保険料の額のうち、次表の資産計上額の欄に掲げる金額（当期分支払保険料の額に相当する額を限度とする。）は資産に計上し、残額は損金の額に算入する。

(注) 当該事業年度の中途で次表の資産計上期間が終了する場合には、次表の資産計上額については、当期分支払保険料の額を当該事業年度の月数で除して当該事業年度に含まれる資産計上期間の月数（1月未満の端数がある場合には、その端数を切り捨てる。）を乗じて計算した金額により計算する。また、当該事業年度の中途で次表の資産計上額の欄の「保険期間の開始の日から、10年を経過する日」が到来する場合の資産計上額についても、同様とする。

(2) 当該事業年度に次表の資産計上期間がない場合（当該事業年度に次表の取崩期間がある場合を除く。）には、当期分支払保険料の額は、損金の額に算入する。

(3) 当該事業年度に次表の取崩期間がある場合には、当期分支払保険料の額（(1)により資産に計上することとなる金額を除く。）を損金の額に算入するとともに、(1)により資産に計上した金額の累積額を取崩期間（当該取崩期間に1月未満の端数がある場合には、その端数を切り上げる。）の経過に応じて均等に取り崩した金額のうち、当該事業年度に対応する金額を損金の額に算入する。

区　分	資 産 計 上 期 間	資産計上額	取崩期間
最高解約返戻率50％超70％以下	保険期間の開始の日から、当該保険期間の100分の40相当期間を経過する日まで	当期分支払保険料の額に100分の40を乗じて計算した金額	保険期間の100分の75相当期間経過後から、保険期間の終了の日まで

最高解約返戻率 70 %超 85 %以下		当期分支払保険料の額に 100 分の 60 を乗じて計算した金額	
最高解約返戻率 85 %超	保険期間の開始の日から、最高解約返戻率となる期間（当該期間経過後の各期間において、その期間における解約返戻金相当額からその直前の期間における解約返戻金相当額を控除した金額を年換算保険料相当額で除した割合が 100 分の 70 を超える期間がある場合には、その超えることとなる期間）の終了の日まで (注) 上記の資産計上期間が 5 年未満となる場合には、保険期間の開始の日から、5 年を経過する日まで（保険期間が 10 年未満の場合には、保険期間の開始の日から、当該保険期間の 100 分の 50 相当期間を経過する日まで）とする。	当期分支払保険料の額に最高解約返戻率の 100 分の 70（保険期間の開始の日から、10 年を経過する日までは、100 分の 90）を乗じて計算した金額	解約返戻金相当額が最も高い金額となる期間（資産計上期間がこの表の資産計上期間の欄に掲げる（注）に該当する場合には、当該（注）による資産計上期間）経過後から、保険期間の終了の日まで

(注) 1 「最高解約返戻率」、「当期分支払保険料の額」、「年換算保険料相当額」及び「保険期間」とは、それぞれ次のものをいう。
　イ 最高解約返戻率とは、その保険の保険期間を通じて解約返戻率（保険契約時において契約者に示された解約返戻金相当額について、それを受けることとなるまでの間に支払うこととなる保険料の額の合計額で除した割合）が最も高い割合となる期間におけるその割合をいう。
　ロ 当期分支払保険料の額とは、その支払った保険料の額のうち当該事業年度に対応する部分の金額をいう。
　ハ 年換算保険料相当額とは、その保険の保険料の総額を保険期間の年数で除した金額をいう。
　ニ 保険期間とは、保険契約に定められている契約日から満了日までをいい、当該保険期間の開始の日以後 1 年ごとに区分した各期間で構成されているものとして本文の取扱いを適用する。
　2 保険期間が終身である第三分野保険については、保険期間の開始の日から被保険者の年齢が 116 歳に達する日までを計算上の保険期間とする。
　3 表の資産計上期間の欄の「最高解約返戻率となる期間」及び「100 分の 70 を超える期間」並びに取崩期間の欄の「解約返戻金相当額が最も高い金額となる期間」が複数ある場合には、いずれもその最も遅い期間がそれぞれの期間となることに留意する。
　4 一定期間分の保険料の額の前払をした場合には、その全額を資産に計

164　Ⅵ　生命保険

上し、資産に計上した金額のうち当該事業年度に対応する部分の金額について、本文の取扱いによることに留意する。

5　本文の取扱いは、保険契約時の契約内容に基づいて適用するのであるが、その契約内容の変更があった場合、保険期間のうち当該変更以後の期間においては、変更後の契約内容に基づいて 9-3-4 から 9-3-6 の 2 の取扱いを適用する。

なお、その契約内容の変更に伴い、責任準備金相当額の過不足の精算を行う場合には、その変更後の契約内容に基づいて計算した資産計上額の累積額と既往の資産計上額の累積額との差額について調整を行うことに留意する。

6　保険金又は給付金の受取人が被保険者又はその遺族である場合であって、役員又は部課長その他特定の使用人（これらの者の親族を含む。）のみを被保険者としているときには、本文の取扱いの適用はなく、9-3-5 の(2)の例により、その支払った保険料の額は、当該役員又は使用人に対する給与となる。

▍(2)　具体的な経理処理の確認

設例の前提：保険期間 20 年、保険料総額 6,000 万円（当期分支払保険料 300 万円）

【法人税基本通達 9-3-5 の 2　解約返戻率が 50％超の定期保険等の保険料の取扱い】

最高解約返戻金	資産計上期間	資産計上額	取崩期間
50％超 70％以下	保険期間の前半 4 割相当の期間	当期分支払保険料 × 40％	保険期間の 7.5 割経過後から保険期間終了日までの期間
70％超 85％以下		当期分支払保険料 × 60％	
85％超	保険期間開始日から最高解約返戻率となる期間等の終了日 ＊特例あり	当期分支払保険料 ×最高解約返戻率 × 70 ％（保険期間開始日から 10 年経過日までの期間は 90％）	解約返戻金が最高額となる期間経過後から保険期間終了日までの期間

① 最高返戻率60％の場合（区分：最高解約返戻率50％超70％以下）

【損金算入割合のイメージ】

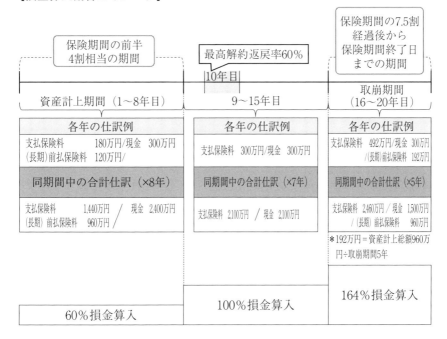

＜ピーク時に解約した場合の合計仕訳（支払保険料合計3,000万円）＞

1年目〜8年目	支払保険料　1,440万円 ／ 現金　　　　　2,400万円
	(長期)前払保険料 960万円 ／
9年目〜10年目	支払保険料　　600万円 ／ 現金　　　　　　600万円
解約時（解約返戻率の ピーク時）	現金　　　　1,800万円 ／ (長期)前払保険料 960万円 ／ 雑収入　　　　　840万円
合計	支払保険料　2,040万円 ／ 現金　　　　　1,200万円 ／ 雑収入　　　　　840万円

※　現金が1,200万円流出します。

② 最高返戻率 80％の場合（区分：最高解約返戻率 70％超 85％以下）
【損金算入割合のイメージ】

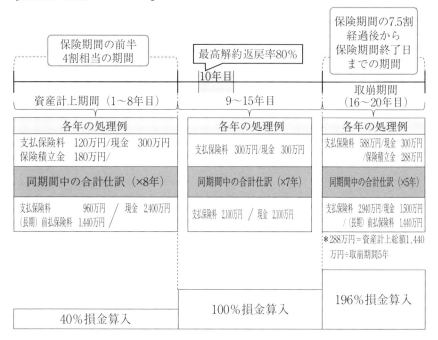

＜ピーク時に解約した場合の合計仕訳（支払保険料合計 3,000 万円）＞

1年目〜8年目	支払保険料　960万円／現金　　　　2,400万円 (長期)前払保険料1,440万円
9年目〜10年目	支払保険料　600万円／現金　　　　　600万円
解約時（解約返戻率のピーク時）	現金　　2,400万円／(長期)前払保険料1,440万円 ／雑収入　　　　960万円
合計	支払保険料　1,560万円／現金　　　　　600万円 ／雑収入　　　　960万円

※　現金が 600 万円流出します。

③ 最高解約返戻率90%の場合（区分：最高解約返戻率85%超）

【損金算入割合のイメージ】

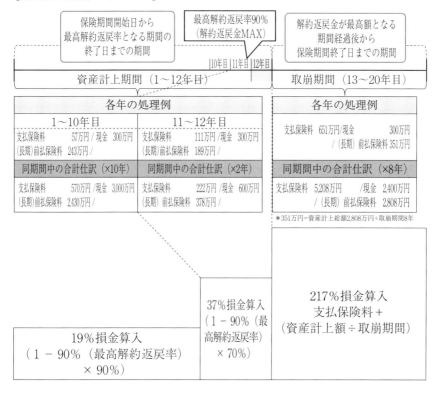

＜12年間の取引の合計仕訳（支払保険料合計3,600万円）＞

1年目～10年目	支払保険料　570万円　／現金　　　　　3,000万円 (長期)前払保険料2,430万円／
11年目～12年目	支払保険料　222万円　／現金　　　　　600万円 (長期)前払保険料　378万円／
解約時	現金　　　　3,240万円　／(長期)前払保険料2,808万円 　　　　　　　　　　　　　雑収入　　　　　432万円
合計	支払保険料　792万円　／現金　　　　　360万円 　　　　　　　　　　　　　雑収入　　　　　432万円

※　現金が360万円流出します。

(3) 最高解約返戻率85％超である場合の資産計上期間

【最高解約返戻率となる期間経過後も資産計上期間が継続する場合（イメージ）】

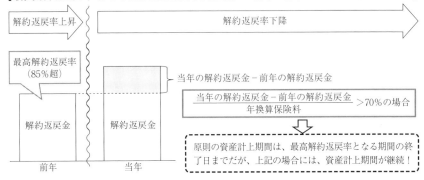

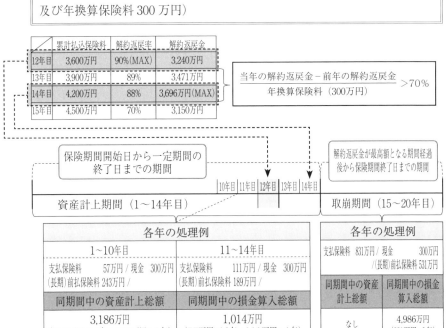

最高解約返戻率85％超である場合の資産計上期間は、最高解約返戻率50％超70％以下の場合や70％超85％以下の場合とは異なり、保険期間の開始の日から、当該保険期間の100分の40相当期間を経過する日までという形式的な期間ではなく、最高解約返戻率のピークを迎えるまでの実質的な期間となっています。注意しなければならないのは、単に最高解約返戻率のピーク時までを資産計上期間とするのではなく、最高解約返戻率のピーク時以降も資産計上が求められることがあることです。

　最高解約返戻率をピークに、徐々に解約返戻率が下がっても、解約返戻金の原資となる累計払込保険料は増加するため、「最高解約返戻率時の解約返戻金」よりも「その後の解約返戻金」のほうが高額になるケースは少なくありません。そこで、最高解約返戻率となる期間経過後の「各年の解約返戻金の増加額」に着目し、その増加額が年換算保険料の7割超なら、資産計上期間が継続する仕組となっています（上記イメージ図参照）。

　実務的には、いつまで資産計上期間とするかは、生命保険の設計書に記載されていることが想定されますので、経理担当者や税理士事務所で資産計上期間を計算することは少ないと思います。しかし、最高解約返戻率85％超である場合の資産計上期間は、単純に保険期間の100分の40相当期間を経過する日までではなく、保険商品ごとに異なることは認識しておく必要があります。

▎(4)　年換算保険料相当額が30万円以下の判定（30万円以下特例）

　年換算保険料相当額30万円以下の判定に際しては、①一の被保険者に係る年換算保険料相当額の合計額が30万円以下になっているか、②契約の追加又は解約があった場合に一事業年度の保険料が30万円以下

170　Ⅵ　生命保険

になっているか、に留意する必要があります。なお、年換算保険料相当額とは、その保険の保険料の総額を保険期間の年数で除した金額をいいますので、支払った保険料とは差異が生じることがあります。

①　一の被保険者に係る年換算保険料相当額の合計額が 30 万円以下

　一の被保険者に係る年換算保険料相当額の合計額に含めるのは、保険期間が 3 年以上の定期保険等で最高解約返戻率が 50％超 70％以下のものに係る年換算保険料相当額となります。

　一の被保険者につき、保険期間が 3 年以上の定期保険等で最高解約返戻率が 50％超 70％以下のものに複数加入している場合は、保険会社や加入時期の違いにかかわらず、令和元年 10 月 8 日以後に契約した全ての保険契約に係る年換算保険料相当額を合計して判定することとなります。

　なお、役員又は部課長その他特定の使用人（これらの者の親族を含みます。）のみを被保険者としている場合で、その保険料の額が当該役員又は使用人に対する給与となるものは、判定に含める必要はありません。

②　契約の追加又は解約があった場合

　前期以前は、定期保険等に係る年換算保険料相当額が 30 万円以下で、当期に追加加入した定期保険等に係る年換算保険料相当額を合計した金額が 30 万円超となる場合には、既に加入していた定期保険等に係る当期分支払保険料の額のうちその追加加入以後の期間に対応する部分の金額については、法人税基本通達 9-3-5 の 2 の取扱いによることとなります（経理事務が煩雑となるため、追加加入した日を含む事業年度に係る当期分支払保険料の額の全額について同通達の取扱いによることとしている場合には、それでも差し支えありません。）。

　反対に、2 つの定期保険等に加入している場合で、事業年度の途中

に一方の定期保険等を解約等したことにより、年換算保険料相当額の合計額が30万円以下となるときには、解約していない定期保険等に係る当期分支払保険料の額のうちその解約等以後の期間に対応する部分の金額については、法人税基本通達9-3-5の2の適用はありません（経理事務が煩雑となるため、解約等した日を含む事業年度に係る当期分支払保険料の額の全額について同通達の取扱いによらないこととしている場合には、それでも差し支えありません。）。この場合、既往の資産計上額の累積額については、保険期間の100分の75相当期間経過後から、保険期間の終了の日までの取崩期間の経過に応じて取り崩すこととなります。

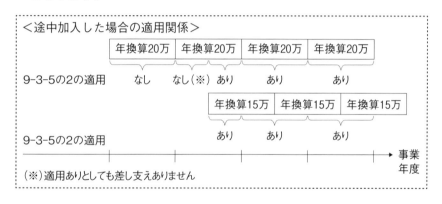

Q43　2種類ある少額30万円以下の特例措置

　令和元年通達改正によって解約返戻金が多い全損の保険はなくなったようですが、保険料が30万円までの少額な保険については節税効果があると聞いています。一体、どのような保険が該当するのでしょうか？

解説

　令和元年通達改正では、保険商品ごとの個別通達が廃止されて基本通達で一本化しています。その基本通達の定めの中で、少額なものについては原則的な取扱いではなく、簡便的な処理を認めた規定が2種類あり

ます。その特例措置が、両方とも30万円という金額基準を設けているので、両者の違いが分かり難くなっています。

　具体的に、30万円基準が設けられているものは以下のとおりです。

① 「解約返戻金相当額のない短期払の定期保険又は第三分野保険」のうちで、一の被保険者につき当該事業年度に支払った保険料の額の合計額が30万円以下のもの

② 「保険期間が3年以上の定期保険等で最高解約返戻率が50％超70％以下のもの」に係る年換算保険料相当額の合計額が30万円以下のもの

　これらの特例措置は、各々が別個の規定なので、どちらかを選択するようなものではありません。

【簡便的な処理の取扱い】

	上記①の場合	上記②の場合
保険商品	「解約返戻金相当額のない短期払の定期保険又は第三分野保険」	「保険期間が3年以上の定期保険等で最高解約返戻率が50％超70％以下のもの」
解約返戻金	なし又は少額	50％超70％以下
規定通達	法人税基本通達9-3-5	法人税基本通達9-3-5の2
特例内容	保険期間の経過に応じて損金の額に算入するのではなく、支払保険料を支払い時に全額損金算入	最高解約返戻率が50％超70％以下であっても、法人税基本通達9-3-5を適用して、資産計上することなく保険期間の経過に応じて損金算入
金額判定	当該事業年度に支払った保険料の額の合計額	年換算保険料相当額の合計額
追加解約の影響	当該事業年度に支払った保険料の額の合計額で判定するので、事業年度内での変更はない	追加解約があった時点以降は取扱いを変更

3. 法人税基本通達9-3-5の2（定期保険等の保険料に相当多額の前払部分の保険料が含まれる場合の取扱い）　173

Q 44　「保険期間が3年以上の定期保険等で最高解約返戻率が50％超70％以下のもの」を全損処理した場合の節税効果

　当社（年1回3月決算）は、被保険者：役員、保険受取人：法人とする生命保険の加入を検討しています。保険期間が3年以上の定期保険等で最高解約返戻率が50％超70％以下のもので年換算保険料相当額の合計額を30万円以下にする予定です。これらの定期保険等は全損処理が認められるようですが、節税効果はあるのでしょうか？

解説

　保険期間が3年以上の定期保険等で最高解約返戻率が50％超70％以下のもので、一の者を被保険者として、その法人が加入している全ての定期保険等に係る年換算保険料相当額の合計額が30万円以下の場合には、法人税基本通達9-3-5を適用することになるので、期間の経過に応じて損金の額に算入することが認められています。つまり、ご質問にあるように資産計上することなく、期間の経過に応じて全額損金算入することができます。

　支払保険料の全額が損金算入となると通達改正前の解約返戻率の高い全損保険と同じようなイメージを抱いてしまいますが、解約返戻率に大きな差異があります。法人税基本通達9-3-5の2の特例措置として、期間の経過に応じて損金の額に算入することが認められているものは、保険期間が3年以上の定期保険等で最高解約返戻率が50％超70％以下のものです。つまり、最高でも解約返戻率が70％なので、支払保険料総額の70％が戻ってくるのが限界となります。実効税率が30％だとすると、支払保険料の30％が節税効果があります。また、解約返戻率が70％だと支払保険料の70％が解約返戻金として戻ってくると捉えることができます。そうすると、資金の流れだけを追っていくと、保険料として100万円支払ったとすると、法人税等が30万円軽減されて、70万円が解約返戻金として将来の収益になります。保険料の支払いをしないと30万

円の法人税等の納税はありますが、70万円の資金を法人内に留保することができます。この事例における70万円の資金を保障付きで保険会社に預けるのか、社内に留保するのかの違いになってきます。また、70万円を解約返戻金として受け取るときには雑収入として課税対象になりますので、将来の課税リスクも負うことになります。個人的には、全損処理が認められたとしても、解約返戻率が70％に制限されているので、これまでのような節税効果は期待できないと捉えています。つまり、節税効果を加味した実質返戻率でも100％を超えることは難しいと思います。

なお、最高解約返戻率を算定する際の解約返戻金には、契約者配当の額は含まれません。契約時の参考指標として、過去の契約者配当の実績を踏まえた予想配当額が示されている場合でも、解約返戻金相当額に含める必要はありません。したがって、毎年安定した契約者配当の額が期待できるのであれば、入金される金額は70％を超えることが想定されます。節税効果を加味した実質返戻率が100％を超える可能性が高くなります。契約者配当の制度は、相互会社のみに認められている制度であることから、契約者配当を期待するのであれば相互会社である生命保険会社の商品を選定する必要があります。

【保険料を支払わずに課税された場合】

【保険料を支払った場合】

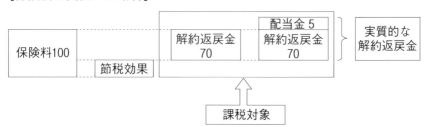

4. 所得税基本通達 36-37（保険契約等に関する権利の評価）

▌▌（1）　通達改正の概要

　使用者が、契約者として保険料を払い込んでいた場合において、その契約者としての地位（権利）や保険金受取人としての地位（権利）を、役員又は使用人（以下「役員等」といいます。）に支給するような場合には、原則として、その支給時において当該保険契約等を解約した場合に支払われる解約返戻金の額（解約返戻金のほかに支払われる前納保険料の金額、剰余金の分配額等がある場合には、これらの金額との合計額。以下「支給時解約返戻金の額」といいます。）により評価することになります。

　しかし、「低解約返戻金型保険」など解約返戻金の額が著しく低いと認められる期間（以下「低解約返戻期間」といいます。）のある保険契約等については、第三者との通常の取引において低い解約返戻金の額で名義変更等を行うことは想定されないことから、低解約返戻期間の保険契約等については、「支給時解約返戻金の額」で評価することは適当ではありません。

　法人税基本通達 9-3-5 の 2 では、法人の期間損益の適正化を図る観点から、法人が最高解約返戻率の高い保険契約等を締結している場合には、支払保険料の一部を資産に計上する取扱いが定められており、本取扱いによる支給時資産計上額は、各保険商品の解約返戻金の実態を精査したうえで、納税者の事務負担や計算の簡便性を考慮した最高解約返戻率に基づく一定の割合から算出した金額としており、低解約返戻期間においては保険契約等の時価に相当するものと考えられています。そこで、使用者が低解約返戻期間に保険契約上の地位（権利）を役員等に支給した場合には、支給時資産計上額に基づいて評価することになりまし

176　Ⅵ　生命保険

た。他にも復旧可能な払済保険等に同様の取扱いが定められています。

> (1)　支給時解約返戻金の額が支給時資産計上額の 70％に相当する金額未満である保険契約等に関する権利を支給した場合には、支給時資産計上額により評価する。
> (2)　復旧することのできる払済保険その他これに類する保険契約等に関する権利を支給した場合には、支給時資産計上額に法人税基本通達 9-3-7 の 2 の取扱いにより使用者が損金に算入した金額を加算した金額により評価する。

改正前	改正後
（保険契約等に関する権利の評価） 36-37　使用者が役員又は使用人に対して支給する生命保険契約若しくは損害保険契約又はこれらに類する共済契約に関する権利については、その支給時において当該 契約を解除したとした場合に支払われることとなる解約返戻金の額（解約返戻金のほかに支払われることとなる前納保険料の金額、剰余金の分配額等がある場合には、これらの金額との合計額）により評価する。	（保険契約等に関する権利の評価） 36-37　　使用者が役員又は使用人に対して 生命保険契約若しくは損害保険契約又はこれらに類する共済契約（以下「保険契約等」という。）に関する権利を支給した場合には、その支給時において当該保険契約等 を解除したとした場合に支払われることとなる解約返戻金の額（解約返戻金のほかに支払われることとなる前納保険料の金額、剰余金の分配額等がある場合には、これらの金額との合計額 。以下「支給時解約返戻金の額」という。）により評価する。
	ただし、次の保険契約等に関する権利を支給した場合には、それぞれ次のとおり評価する。
	(1)　支給時解約返戻金の額が支給時資産計上額の 70％に相当する金額未満である保険契約等に関する権利（法人税基本通達 9-3-5 の 2 の取扱いの適用を受けるものに限る。）を支給した場合には、当該支給時資産計上額により評価する。
	(2)　復旧することのできる払済保

険その他これに類する保険契約等に関する権利（元の契約が法人税基本通達9-3-5の2の取扱いの適用を受けるものに限る。）を支給した場合には、支給時資産計上額に法人税基本通達9-3-7の2の取扱いにより使用者が損金に算入した金額を加算した金額により評価する。

（注）「支給時資産計上額」とは、使用者が支払った保険料の額のうち当該保険契約等に関する権利の支給時の直前において前払部分の保険料として法人税基本通達の取扱いにより資産に計上すべき金額をいい、預け金などで処理した前納保険料の金額、未収の剰余金の分配額等がある場合には、これらの金額を加算した金額をいう。

附　則
（経過的取扱い）
　この法令解釈通達による改正後の所得税基本通達は、令和3年7月1日以後に行う保険契約等に関する権利の支給について適用し、同日前に行った保険契約等に関する権利の支給については、なお従前の例による。

(2) 具体的な経理処理の確認

【名義変更プランのスキーム（例）】

設例の前提：契約者及び受取人・法人、被保険者・役員（55歳）、保険期間・20年、毎年の保険料・1,000万円、最高解約返戻率95％

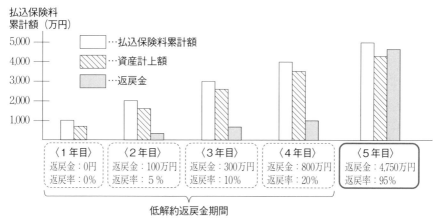

※ 6年目以降省略しています。返戻率は5年目をピークに徐々に下がります。
※ 各年の資産計上額（法規通9-3-5の2）
　1,000万円×95％×90％＝855万円（167ページ参照）

【4年目までの仕訳合計】

保険料	580万円	現金預金	4,000万円
前払保険料	3,420万円		

＊前払保険料：各年855万円×4年分＝3,420万円

【個人への譲渡仕訳】

現金預金	3,420万円	前払保険料	3,420万円

＊800万円（支給時解約返戻金）＜2,394万円（支給時資産計上額×70％）のため、評価額は3,420万円となります。

【個人が5年目の保険料を支払って解約した場合】
　一時所得の金額＝｛4,750万円－(3,420万円＋1,000万円)－50万円｝×1/2

4. 所得税基本通達 36-37（保険契約等に関する権利の評価）　179

= 140 万円

Q 45　法人から個人への保険契約の譲渡（名義変更スキーム）の検証

　当社（年１回３月決算）は、被保険者：役員、受取人：法人とする低解約返戻期間のある逓増定期保険に令和元年通達改正の直前に加入していました。保険会社の営業からは、解約返戻金が増加する前に被保険者に名義変更すると節税効果が高いと言われました。名義変更することで、そのようなメリットがあるのでしょうか？
　また、令和３年の通達改正後も同じようなことはできるのでしょうか？

解説

　生命保険契約に関する権利の個人譲渡は、主に同族会社が行っている節税スキームのひとつです。概要としては、①解約返戻率が高くなる直前までは法人で保険料を負担して、②解約返戻金が急増する直前に解約返戻金相当額で個人へ譲渡し、③個人が解約して解約返戻金を一時所得として申告するという流れです。

　下記の令和元年通達改正前の事例では、４年目までが低解約返戻期間なので法人で保険料を負担します。1/2 損金の逓増定期保険が前提となっているので、４年目までは支払保険料の総額の半分である 2,000 万円が前払保険料として貸借対照表に残っています。

　４年目の終わりあたりで、生命保険契約に関する権利を法人が個人に譲渡します。ポイントは、譲渡対価が譲渡時の解約返戻金相当額となることです。事例では、800 万円が譲渡時の解約返戻金なので、800 万円で譲渡することになります。その時に貸借対照表には、前払保険料が2,000 万円計上されているので、1,200 万円の譲渡損失が計上されます。この譲渡損失の計上によって、４年間で支払った 4,000 万円の保険料のうち、2,000 万円は期間費用として損金算入して、1,200 万円は譲渡損失として損金算入され、残高の 800 万円は現金で回収することになりま

す。最終的には、負担した費用は、全額損金算入することになるので、全額損金となる節税スキームと紹介されることがあります。

　ここで問題になるのは、保険契約の時価相当額の算定です。令和3年改正前の所得税基本通達36-37では、保険契約の時価相当額は、解約返戻金の額とされていました。したがって、名義変更時点の解約返戻金が低いと、個人における生命保険契約の買取価格が安くなっていました。

　しかし、令和3年通達改正において、「低解約返戻金型保険」や「復旧することのできる払済保険」など解約返戻金の額が著しく低いと認められる保険契約等については、第三者との通常の取引において低い解約返戻金の額で名義変更等を行うことは想定されないため、支給時解約返戻金の額で評価することは適当でないことから、法人税基本通達9-3-5の2の適用によって処理された支給時資産計上額に基づく金額で評価するように改正されています。したがって、改正前の解約返戻金の額を評価額とする方法よりも評価額が高くなるので、節税効果は減少したと考えられます。

　下記の令和元年通達改正前の事例と178ページの令和3年通達改正後の事例を比較して頂けると通達改正の影響がイメージできると思います。法人損金算入額が少なくなっていることは、法人側での節税効果がなくなっていることを表しています。一時所得の金額が少なくなっていることは、個人への所得移転が少ないことと一時所得の計算式における1/2を乗じることの恩恵を受ける金額が少ないことを意味しています。

【通達改正の影響】

	令和元年通達改正前	令和3年通達改正後
4年間の支払保険料	4,000万円	4,000万円
法人損金算入額	3,200万円	580万円
保険契約等の評価額	800万円	3,420万円
一時所得の金額	1,450万円	140万円

【名義変更プランのスキーム（例）】

設例の前提：契約者及び受取人・法人、被保険者・役員（55歳）、保険期間・20年、毎年の保険料・1,000万円

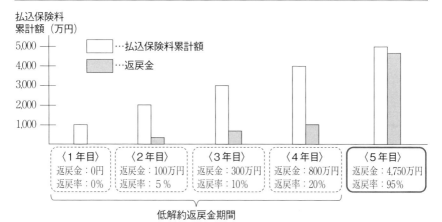

※6年目以降省略しています。返戻率は5年目をピークに徐々に下がります。

【4年目までの仕訳合計】

保険料	2,000万円	現金預金	4,000万円
前払保険料	2,000万円		

【個人への譲渡仕訳】

現金預金	800万円	前払保険料	2,000万円
譲渡損失	1,200万円		

＊譲渡対価は、名義変更時点の解約返戻金相当額となります。

一時所得の金額 =（4,750万円 −（800万円 + 1,000万円）− 50万円）× 1/2
　　　　　　　= 1,450万円

5. 通達改正の影響を受けない養老保険の重要性

(1) 商品概要

　養老保険とは、被保険者が一定の保険期間内に亡くなった時には死亡保険金が支払われ、保険期間満了時に生存している時には、同額の満期保険金が支払われるという仕組みの生命保険です。したがって、「亡くなっても生きていても保険金が支払われる」ことから、死亡保険金か生存保険金のいずれかは受領することができます。また、保険期間の途中での解約返戻金や配当金なども高額であることから貯蓄性の高い商品と言われています。

(2) 法人税基本通達 9-3-4 の制度設計

　養老保険は、死亡保険金と生存保険金の受取人の組み合わせによって、通達で取扱いが分かれています。

　法人税基本通達 9-3-4 は、法人が契約者である場合において 3 つの処理方法が示されています。

> ① 法人税基本通達 9-3-4 (1)
> 　死亡保険金及び生存保険金の受取人が当該法人である場合であって、支払保険料は全額資産計上することになります。
> ② 法人税基本通達 9-3-4 (2)
> 　死亡保険金及び生存保険金の受取人が被保険者又はその遺族である場合であるために、保険料を負担している法人は死亡保険金及び生存保険金のいずれも受け取ることができないことから、当該役員又は使用人に対する給与となります。

③　法人税基本通達 9-3-4 (3)

　死亡保険金の受取人が被保険者の遺族で、生存保険金の受取人が当該法人である場合であって、支払保険料の50％相当額を資産計上して、残額を期間の経過に応じて損金の額に算入することになります。

　実務上は、支払保険料の50％相当額が損金算入される法人税基本通達9-3-4 (3)を適用できるような形態で養老保険に加入するケースが多いと思います。同通達では、役員又は部課長その他特定の使用人（これらの者の親族を含みます。）のみを被保険者とする場合には、損金算入額が、当該役員又は使用人に対する給与とされます。給与課税されると役員又は使用人への所得税及び住民税の負担が増加するので、給与課税されないように制度設計することが求められます。

(3)　法人税基本通達 9-3-4 (3)の福利厚生プラン

　給与課税されずに、支払保険料の50％相当額が損金算入されるような加入形態を保険会社が福利厚生プランと称し販売しています。

　福利厚生プランにおける支払保険料のうちで、資産計上額以外の部分を福利厚生費とする根拠を下記の裁決事例では「保険の加入自体が役員又は使用人の個人の選択ではなく、福利厚生を目的とした法人の業務上の要請に基づくものであることから、直ちに被保険者に対する給与として課税するのも実情に即さないため、原則として保険料の支出に係る経済的利益はないものとし、これを一種の福利厚生費と同視することとしたものと解する」と判断しています。ここでのポイントは、保険の加入自体が役員又は使用人の個人の選択ではなく、福利厚生を目的とした法人の業務上の要請に基づくものというところです。

　また、福利厚生プランの普遍的加入要件について、法人税基本通達

9-3-4 では定められていませんが、養老保険の取扱いを定めた所得税基本通達 36-31 の注書きにおいて明文化されています。保険加入の対象とする役員又は使用人について、加入資格の有無、保険金額等に格差が設けられている場合であっても、それが職種、年齢、勤続年数等に応ずる合理的な基準により、普遍的に設けられた格差であると認められるときは、給与課税する必要はないとされています。

　福利厚生プランを適用する法人の役員又は使用人の全部又は大部分が同族関係者である場合には、たとえその役員又は使用人の全部を対象として保険に加入する場合であっても、その同族関係者である役員又は使用人に係る費用は福利厚生費ではなく、給与課税することになります。ここでのポイントは、「大部分が同族関係者であるとき」の割合の捉え方です。「大部分」と定められているので、過半数よりも多い割合であることはイメージできますが、同族関係者が 2/3 を超えるような場合には、「大部分」が同族関係者と認定されるリスクが高まると考えられます。

　役員又は使用人の全部又は大部分が同族関係者である場合には、同族関係者に係る保険料については、福利厚生費としての処理が認められないとした下記の裁決事例において「当該法人の同族関係者によって経営の支配権が確立され当該法人の同族関係者自らが養老保険の加入の要否及び保険金額等を決定する権限、すなわち養老保険契約の加入に伴う経済的利益の供与を決定する権限を有していることから、当該法人が支払う養老保険の保険料にはもはや従業員の受動的利益であるはずの福利厚生費の性格が欠如し福利厚生を目的とした使用者側の業務上の要請による支出とは認められず、同族関係者が、専ら当該経済的利益を自ら受益するために養老保険に加入していると認められることから、当該法人が支払った保険料は同族関係者に対する給与として課税されることになる。」と判断しています。

5. 通達改正の影響を受けない養老保険の重要性　185

【平成 18 年 10 月 17 日裁決（抜粋）・TAINS コード：F0-2-645】

（平成 15 年 10 月及び平成 16 年 10 月の各月分の源泉徴収に係る所得税の各納税告知処分及び不納付加算税の各賦課決定処分・棄却・平 18-10-17 裁決）【東裁（諸）平 18-67】

ハ　ところで、本件所得税通達の(3)の趣旨は、法人が契約者となった養老保険について、役員又は使用人の遺族を保険金の受取人とする死亡保険金に係る部分の保険料は、本来、役員又は使用人が個人で負担すべきものであり、これを法人が支出した場合は被保険者たる役員又は使用人に対する経済的利益の供与に該当し、給与課税の対象となるが、法人が支払った保険料のうち、死亡保険金に係る部分については、保険金の受取人が被保険者の遺族等となっていることからみて、被保険者が死亡した場合に初めてその遺族等が死亡保険金を受け取るものであることからすれば、保険料の掛け込み段階では、被保険者にとって保険事故が発生しない限り具体的受益はなく、潜在的な利益であること、また、法人が契約者となり、役員又は使用人が被保険者となる保険契約は、<u>保険の加入自体が役員又は使用人の個人の選択ではなく、福利厚生を目的とした法人の業務上の要請に基づくものであることから、直ちに被保険者に対する給与として課税するのも実情に即さないため、原則として保険料の支出に係る経済的利益はないものとし、これを一種の福利厚生費と同視することとしたものと解することが相当である。</u>

ホ　そして、本件所得税通達の（注）２の(2)によれば、役員又は使用人の全部又は大部分が同族関係者である法人の場合は、形式的な判断の下に本件所得税通達の(3)の本文の適用を認めないこととしているが、その趣旨は、<u>当該法人においては、当該法人の同族関係者によって経営の支配権が確立され当該法人の同族関係者自らが養老保険の加入の要否及び保険金額等を決定する権限、すなわち養老保険契約の加入に伴う経済的利益の供与を決定する権限を有していることから、当該法人が支払う養老保険の保険料にはもはや従業員の受動的利益であるはずの福利厚生費の性格が欠如し福利厚生を目的とした使用者側の業務上の要請による支出</u>

とは認められず、同族関係者が、専ら当該経済的利益を自ら受益するために養老保険に加入していると認められることから、当該法人が支払った保険料は同族関係者に対する給与として課税されることになる。このように、本件所得税通達の（注）２の(2)は、当該法人が役員又は使用人の全部を養老保険に加入させた場合であっても本件所得税通達の(3)の「役員又は特定の使用人（これらの者の親族を含む。）のみを被保険者としている場合」に該当し、その保険料が給与として課税されることを留意的に示したものと解される。

＜法人税基本通達9-3-4　養老保険に係る保険料＞

　法人が、自己を契約者とし、役員又は使用人（これらの者の親族を含む。）を被保険者とする養老保険（被保険者の死亡又は生存を保険事故とする生命保険をいい、特約が付されているものを含むが、9-3-6に定める定期付養老保険等を含まない。以下9-3-7の２までにおいて同じ。）に加入してその保険料（令第135条《確定給付企業年金等の掛金等の損金算入》の規定の適用があるものを除く。以下9-3-4において同じ。）を支払った場合には、その支払った保険料の額（特約に係る保険料の額を除く。）については、次に掲げる場合の区分に応じ、それぞれ次により取り扱うものとする。

(1)　死亡保険金（被保険者が死亡した場合に支払われる保険金をいう。以下9-3-4において同じ。）及び生存保険金（被保険者が保険期間の満了の日その他一定の時期に生存している場合に支払われる保険金をいう。以下9-3-4において同じ。）の受取人が当該法人である場合　その支払った保険料の額は、保険事故の発生又は保険契約の解除若しくは失効により当該保険契約が終了する時までは資産に計上するものとする。

(2)　死亡保険金及び生存保険金の受取人が被保険者又はその遺族である場合　その支払った保険料の額は、当該役員又は使用人に対する給与とする。

(3)　死亡保険金の受取人が被保険者の遺族で、生存保険金の受取人が当該法人である場合　その支払った保険料の額のうち、その２分の１に相当

する金額は(1)により資産に計上し、残額は期間の経過に応じて損金の額に算入する。ただし、役員又は部課長その他特定の使用人（これらの者の親族を含む。）のみを被保険者としている場合には、当該残額は、当該役員又は使用人に対する給与とする。

＜所得税基本通達 36-31　使用者契約の養老保険に係る経済的利益＞

　使用者が、自己を契約者とし、役員又は使用人（これらの者の親族を含む。）を被保険者とする養老保険（被保険者の死亡又は生存を保険事故とする生命保険をいい、傷害特約等の特約が付されているものを含むが、36-31 の 3 に定める定期付養老保険を含まない。以下 36-31 の 5 までにおいて同じ。）に加入してその保険料（令第 64 条《確定給付企業年金規約等に基づく掛金等の取扱い》及び第 65 条《不適格退職共済契約等に基づく掛金の取扱い》の規定の適用があるものを除く。以下この項において同じ。）を支払ったことにより当該役員又は使用人が受ける経済的利益（傷害特約等の特約に係る保険料の額に相当する金額を除く。）については、次に揚げる場合の区分に応じ、それぞれ次により取り扱うものとする。

(1)　死亡保険金（被保険者が死亡した場合に支払われる保険金をいう。以下 36-31 の 2 までにおいて同じ。）及び生存保険金（被保険者が保険期間の満了の日その他一定の時期に生存している場合に支払われる保険金をいう。以下この項において同じ。）の受取人が当該使用者である場合　当該役員又は使用人が受ける経済的利益はないものとする。

(2)　死亡保険金及び生存保険金の受取人が被保険者又はその遺族である場合　その支払った保険料の額に相当する金額は、当該役員又は使用人に対する給与等とする。

(3)　死亡保険金の受取人が被保険者の遺族で、生存保険金の受取人が当該使用者である場合　当該役員又は使用人が受ける経済的利益はないものとする。ただし、役員又は特定の使用人（これらの者の親族を含む。）のみを被保険者としている場合には、その支払った保険料の額のうち、その 2 分の 1 に相当する金額は、当該役員又は使用人に対する給与等とする。

（注）1　傷害特約等の特約に係る保険料を使用者が支払ったことにより役員又は使用人が受ける経済的利益については、36-31の4参照
　　　2　上記(3)のただし書については、次によることに留意する。
　　　⑴　保険加入の対象とする役員又は使用人について、加入資格の有無、保険金額等に格差が設けられている場合であっても、それが職種、年齢、勤続年数等に応ずる合理的な基準により、普遍的に設けられた格差であると認められるときは、ただし書を適用しない。
　　　⑵　役員又は使用人の全部又は大部分が同族関係者である法人については、たとえその役員又は使用人の全部を対象として保険に加入する場合であっても、その同族関係者である役員又は使用人については、ただし書を適用する。

Q 46　養老保険の福利厚生プランにおける普遍的加入要件①（職位による基準）

　当社（年1回3月決算）は、被保険者：役員及び従業員、生存保険金受取人：法人、死亡保険金受取人：被保険者の遺族、とする養老保険の加入を検討しています。支払保険料の50％を損金算入したいので、福利厚生プランの要件に合うように普遍的加入としたいと考えています。しかし、経営陣から全員加入には抵抗があるので、養老保険の加入について主任以上の職位を有する者という基準を設ける予定です。

　このように社内の職位による基準を設けることは税務上認められるのでしょうか？

解説

　養老保険の福利厚生プランにおける加入格差については、所得税基本通達36-31の注書きが参考になります。同通達では、「加入資格の有無、保険金額等に格差が設けられている場合であっても、それが職種、年齢、勤続年数等に応ずる合理的な基準により、普遍的に設けられた格差であると認められるときは、ただし書を適用しない。」と定められています。つまり、①職種、②年齢、③勤続年数等に応ずる合理的な基準

であれば普遍的加入の要件に抵触しないことになります。①職種とは、一般的に内勤と外勤のような違いをいいます。

　裁決事例（平成3年2月分源泉徴収に係る所得税・平05-08-24裁決・裁決事例集 No.46-177頁）において、主任以上の職位を有する者を養老保険の加入資格者としているケースで、「主任とは役職名の一つであって、役職の任免は請求人の業務運営上の必要に応じて行われるものとされており、必ずしもすべての従事員が主任以上の役付者になれるとは限らず、また、課長又は主任に任命されていない者で勤続年数15年以上かつ年齢40歳以上の者が3人認められることからみると、全従事員がその恩恵に浴する機会を与えられているとは認められない。」として普遍的加入の要件を具備していないと判断しています。

　このようなことから、ご質問のように主任のような職位を有することが加入要件となると、主任の職位に就けなければ加入できないので、従業員全員に加入資格があるとは言えないと考えられます。

Q 47　養老保険の福利厚生プランにおける普遍的加入要件②（保険会社、通貨の選択）

　当社（年1回3月決算）は、被保険者：役員及び従業員、生存保険金受取人：法人、死亡保険金受取人：被保険者の遺族、とする養老保険の加入を従前から行っていました。福利厚生プランの要件に合うように普遍的加入を前提としていますが、最近なって外貨建ての養老保険の方が、利回りが良いという噂を聞きます。これまで円建ての養老保険に加入していましたが、新たに加入する場合には、外貨建ての養老保険に変更することは可能でしょうか？

解説

　養老保険の福利厚生プランを実施するにあたって、福利厚生制度としての平等性を担保しているのであれば、通達で定められていないことは

原則的には問わないとされています。よって、ご質問のように円建てであるか、外貨建てであるかは問われていないので、どちらの養老保険でも保険金額等に差異がなければ福利厚生プランを適用することは可能となります。なお、外貨建ての養老保険に加入した場合であっても、外貨建ての保険積立金を期末時換算法で換算替えすることはありませんので、為替差損益等の認識は解約又は満期の後の話となります。

　上記のとおり、養老保険の福利厚生プランを実施するにあたって、福利厚生制度としての平等性を担保しているのであれば、通達で定められていないことは原則的には問わないとされているので、養老保険を販売する保険会社も統一する必要はありません。養老保険は貯蓄性の高い生命保険なので、途中解約すると計画した利回りが実現しなくなることから、一度契約すると満期まで解約しないことが多いです。保険会社によっては利回りなどが異なることから、新規加入の時には保険商品の内容を再確認すべきでしょう。

6. 個別事例の検討

Q 48　福利厚生費である見舞金と保険会社からの給付金の関係

当社（年1回3月決算）は、被保険者：役員及び従業員、給付金受取人：法人、とする医療保険の加入を検討しています。保険事故が生じたことによって、法人に給付金が支払われた場合には、その半額を見舞金として被保険者に支給したいと考えています。当社が支給する見舞金は福利厚生費として全額損金算入することはできますか？

解説

　法人が役員又は従業員を被保険者とする医療保険に加入する場合には、給付金の受取人を法人として、保険料を福利厚生費又は保険料として全額損金算入するケースが少なくありません。医療保険の加入時には、損金算入することができるか否かが重要なテーマになりますが、加入後に保険事故が生じると見舞金として支給する金額が損金になるかが論点となります。

　法人に支給される給付金等の全額又は半額を被保険者である役員又は従業員に見舞金として支給するような社内規程を制定していることが多いようです。下記の裁決事例においても請求人が「会社規定に基づき保険会社から受領した入院給付金の半額をHに対する見舞金として支払い、当該金額を福利厚生費として損金の額に算入しているが、受領した保険金の半額を本人受取りとする当該会社規定の内容は、判例からみても十分合理的である。」と主張しています。

　生命保険に係る実務対応として、社内規程があるからといって、税務リスクが完全に回避されることがないことは肝に銘じる必要があると思います。生命保険会社の営業から、社内規程の整備や議事録の作成が促されますが、これらは生命保険会社としてのコンプライアンスを遵守す

ることが優先されていることが多く、顧客である契約者のリスク回避の
ために作成を促しているとは言い切れません。著者の実務経験において
も、法人が受領した給付金の全額を福利厚生費として見舞金名目で支給
するという社内規程を設けているケースがありました。法人が支給する
見舞金が福利厚生費として損金算入するためには、社内規程にどのよう
に定められているかではなく、見舞金の額が社会通念上相当であるか否
かにより判断されます。

　したがって、ご質問のケースでは、給付金の半額を見舞金として支給
すると社内規程で定めても、その見舞金が福利厚生費として全額損金算
入することができるとはいえません。

　下記の裁決事例において、原処分庁は、「社会通念上相当である金額
について、病気等の入院に係る見舞金等の福利厚生費の規定が存するX
税務署管内の法人の役員に対する見舞金等の支給状況を検討したとこ
ろ、入院1回当たり30,000円が社会通念上相当である金額と認められ
る」として、その入院1回当たり30,000円を超える額を臨時的な役員
給与として更正処分しています。国税不服審判所は、類似法人の支給状
況、規程内容を調査して「法人の役員に対して支払われる福利厚生費と
しての見舞金の額は、入院1回当たり50,000円が社会通念上相当であ
る金額の上限と認められる」として、入院1回当たり50,000円を超え
る金額を臨時的な役員給与と判断しています。

　入院1回当たりの見舞金の適正額は、社会通念上相当であると認めら
れる金額であって、その見舞金の原資となった保険金の額とは無関係で
あることが分かります。収益である保険金収入と福利厚生費である見舞
金は課税上の因果関係はないことになります。

　なお、この裁決事例は、平成10年7月期に係る申告をベースとして
いることから、既に20年以上前の出来事になっています。基本的な考
え方は変わりませんが、入院1回当たりの見舞金の相場というものは、
時の経過によって変化している可能性もあります。

6. 個別事例の検討　193

【平成 14 年 6 月 13 日裁決（抜粋）・TAINS コード：J63-3-21・裁決事例集 No.63、309 頁】

福利厚生費としての見舞金の上限は入院 1 回当たり 5 万円と認定された事例

事実関係

請求人は、平成 10 年 7 月期において、H に対して支払った見舞金 3,995,000 円（以下「本件見舞金 A」という。）を福利厚生費の科目で全額損金の額に算入している。

請求人	原処分庁
請求人は、会社規定に基づき保険会社から受領した入院給付金の半額を H に対する見舞金として支払い、当該金額を福利厚生費として損金の額に算入しているが、受領した保険金の半額を本人受取りとする当該会社規定の内容は、判例からみても十分合理的である。また、H に付された保障の内容は、他の役員及び従業員と比べて不相当に高額なものではない。 　保険の加入に関する取締役会決議及び弔慰金・見舞金規定については、その制定の際に全役員及び全従業員に対して説明を行い、新たに入社する者については規定を交付して、その周知徹底を図っており、すべての役員及びすべての従業員が当該規定の存在及び当該規定により保障されることを知っている。	役員に対して社内規定に基づいて支払われた見舞金の全額が、直ちに福利厚生費として損金の額に算入されるものではなく、損金の額に算入できるのは、社会通念上相当であると認められる金額部分である。 　社会通念上相当である金額について、病気等の入院に係る見舞金等の福利厚生費の規定が存する X 税務署管内の法人の役員に対する見舞金等の支給状況を検討したところ、入院 1 回当たり 30,000 円が社会通念上相当である金額と認められることから、これを超える金額を H に対する賞与としたものである。

194 Ⅵ 生命保険

国税不服審判所
一般に、慶弔、禍福に際し支払われる金品に要する費用の額は、地域性及びその法人の営む業種、規模により影響されると判断されることから、当審判所においては、改定類似法人のうち見舞金等の福利厚生費の規定が存する8社についてその役員に対する見舞金等の支給状況を検討したところ、法人の役員に対して支払われる福利厚生費としての見舞金の額は、入院1回当たり50,000円が社会通念上相当である金額の上限と認められる。 　請求人は、Hに支払った見舞金は、会社規定により当然個人が受け取るべきものを支出しただけであり、いわば会社を経由した保険金の支払というべきものである旨主張する。 　しかしながら、請求人が保険金を受領することと、見舞金の引き当てとして保険に加入し、これを原資として見舞金を支払うこととは本来全く別個の問題であると解すべきである。 　また、<u>法人税法上、福利厚生費としての見舞金が損金の額に算入されるか否かは、当該見舞金の額が社会通念上相当であるか否かにより判断されるものであり、会社規定に従って支払われたものかどうか及び保険金の原資のいかん並びに会社規定の作成過程及び保険契約の締結過程のいかんによって左右されるものではない。</u>

Q 49 被保険者の退職後も解約返戻金額が最高額となるまで保険契約を継続する場合

　各役員を被保険者、会社を契約者及び保険金受取人とする定期保険に加入していますが、役員が個人的な事情から退職することとなりました。退職時は保険契約を解除せず、解約返戻金額が最高額となるときまで保険契約を継続することとし、解約返戻金額が最高額の時点で解約したいのですが、税務上の取扱いはどのようになりますか？なお、退任する役員は保険契約を継続することに同意しています。

解説

　法人税基本通達 9-3-5 の逐条解説において、「定期保険には貯蓄性が
ないので、法人を受取人とする場合には、その保険料は一種の金融費用
的なものとして損金の額に算入されるのである。」と解説しています。
この解説だけをとらえると、被保険者が誰であっても掛け捨ての定期保
険に係る保険料は期間費用となるのではないかと思われます。

　しかし、保険料等に係る法人税基本通達では、「役員又は使用人（こ
れらの者の親族を含む）」を被保険者とすることを前提にしていることか
ら、これらの者以外が被保険者となると同通達を適用することができな
いと考えられます。また、本質的にも被保険者が「役員又は使用人（こ
れらの者の親族を含む）」以外になると事業関連性が希薄になります。そ
のため、法人が負担する生命保険料が期間費用として損金算入するため
には、当該生命保険契約の被保険者が、その法人の役員又は使用人（こ
れらの者の親族を含む）であることが要件と捉えるべきです。したがっ
て、ご質問のように、退職した役員に係る保険料は、原則として、期間
費用としての損金性がないことになります（例外がQ 50）。

　一方で、解約返戻金又は生存保険金等が期待されるような貯蓄性の高
い生命保険であれば、解約返戻金又は生存保険金の入金時に収益が計上
されることから、支払われる生命保険料は収益に対応する原価としての
損金性を有するとも考えられます。ここでの損金性は期間費用として発
生の都度損金算入されるのではなく、費用収益対応の原則に基づく収益
に直接対応する原価として、保険積立金等の資産を費用に振り替えるこ
とにより生ずる損金性を有することになります。

　ご質問のケースでは、退職した役員に係る保険料については、退職前
は期間費用であっても、退職後は資産計上して、解約時に損金算入する
ことになります。

196 Ⅵ 生命保険

> 年払保険料100万円の半分損金となる定期保険に加入して、10年目に解約して支払保険料の累計額の90%を受領する予定だったが、2年目に被保険者が退職した場合

【年払いの処理（2年目以降）】

退職しない場合	退職後
保険料　　　50万 ／ 現金　100万 前払保険料 50万 ／	前払保険料 100万 ／ 現金　　100万

※　被保険者が退職しているので期間費用としての損金性がないので、申告調整で資産計上します。

【10年分支払後の解約処理】

退職しない場合	退職後
現金　900万 ／ 雑収入　　　　400万 　　　　　　／ 前払保険料　500万	現金　　900万 ／ 前払保険料　950万 雑損失 50万 ／

※　前払保険料は、1年目の50万円と2年目以降の900万円（100万円×9年分）の合計額となります。

Q 50　退職した従業員を被保険者とする定期保険等の損金算入

　全従業員を被保険者、会社を契約者及び給付金受取人とする医療保険に加入しています。保険事故があった場合には、給付金を財源として被保険者に見舞金を支給することになっています。福利厚生制度を充実するために、退職後も数年間は保険契約を継続することを検討しています。被保険者が退職した場合には、支払保険料を期間費用として損金算入することが難しいようですが、社内規程の整備で損金算入することはできませんか？

解説

　法人が退職した役員又は使用人を被保険者とする生命保険契約に係る保険料を支払った場合には、業務関連性がないことから期間費用として損金算入することは難しいと考えられています。

しかし、下記裁決事例では、従業員の福利厚生を目的として治療費補助等制度に基づく見舞金等又は弔慰金の原資とするために生命保険契約を締結したものであって、従業員が退職した後も5年間は、退職者ががんに罹患又はがんにより死亡した場合に、受取保険金等を原資として退職者に見舞金等又は弔慰金を支払うことを約していたことから業務関連性があると判断されています。

この裁決事例のポイントは、「入社された方へ」及び「退社された方へ」と題する各書面により、退職した後も5年間は、受取保険金等を原資として退職者に見舞金等又は弔慰金を支払うことを周知していた点であると考えられます。単に、社内規程が整備されていたとしても、福利厚生制度として周知されていない場合には、形骸化した制度として捉えられ、福利厚生制度として機能していないことを根拠に否認された可能性もあります。

福利厚生制度を在職者のみを対象とする制度と捉えると、退職者を対象とすることで福利厚生制度に該当しないものと整理されてしまいます。しかし、個別通達の「団体定期保険の被保険者に退職者を含める場合の保険料の税務上の取扱いについて」等では退職者を被保険者とした福利厚生目的の保険契約に係る支払保険料を一定の条件の下に法人の所得の金額の計算上、損金の額に算入して差し支えないこととされています。したがって、従業員が退職したことのみをもって、退職者を被保険者とする保険契約に係る支払保険料が業務との関連性が認められないと判断するのは早計です。また、租税特別措置法通達61の4(1)-10《福利厚生費と交際費等との区分》において、「従業員等（従業員等であった者を含む。）又はその親族等の慶弔、禍福に際し一定の基準に従って支給される金品に要する費用」を福利厚生費として交際費等には含まないと定められています。カッコ書きの従業員等であった者とは、正に退職者であることから、上記通達においても退職者が福利厚生制度の対象であることがわかります。

198　Ⅵ　生命保険

　この裁決事例の結果だけをみると、法人が退職した役員又は使用人を
被保険者とする生命保険契約に係る保険料を支払った場合に、いかなる
場合であっても福利厚生制度の一環として期間費用になると考えてしま
うことが想定されます。しかし、この裁決事例は、あくまでも退職後も
5年間は福利厚生制度の対象であることを事前に周知し、実際に運用さ
れていたため業務関連性が認められたのだと思われます。

　ご質問のように、支払保険料を期間費用として損金算入するために
は、単なる社内規程の整備にとどまらず、その制度を書面等で役員又は
使用人に周知することで指摘されるリスクを軽減させることができると
考えます。

【平成 29 年 12 月 12 日裁決（抜粋）・TAINS コード：F0-2-760】

退職した従業員を被保険者とするがん保険契約等の損金算入が認められた事案	
原処分庁	納税者
次のとおり、本件退職者支払保険料は、本件各事業年度の損金の額に算入することはできない。 イ　法人税法上、損金の額に算入すべき金額は、別段の定めがあるものを除き、当該事業年度の収益に係る売上原価、完成工事原価その他これらに準ずる原価の額並びに当該事業年度の販売費、一般管理費その他の費用の額及び当該事業年度の損失で資本等取引以外の取引に係るものとされ、これらの額は、公正処理基準に従って計算さ	次のとおり、本件退職者支払保険料は、本件各事業年度の損金の額に算入することができる。 イ　請求人は、従業員の採用時に、退職後も 5 年間は、平成 21 年 3 月 1 日に制定された「がん治療費補助・見舞金制度規程」（以下「本件がん規程」という。）に記載する給付金等を支給するということを書面により説明し、終身がん保険の契約時には本件がん規程を配付して保険契約書に押印してもらうことにより、被保険者である

れるものとされているところ、公正処理基準によれば、法人税法第22条第3項に規定する販売費、一般管理費その他の費用とは、収益と個別的に対応させることの困難ないわば期間費用であって、事業活動と直接関連性を有し事業遂行上必要な費用をいうものと解されるから、支出のうち、業務との関連性がないものは、損金の額に算入することができない。

ロ　退職者は、請求人の業務を行うことはなく、退職者に関する費用は、事業活動と直接の関連性を有する業務遂行上必要な費用であるとはいえず、業務との関連性が認められない。

従業員に周知し、また、「退職された方へ」という退職予定者に対する案内文にも、退職後も本件がん規程により、がん診断給付金を支給すると明記している。そして、請求人は、上記終身がん保険契約の場合と同様に、生活障害保障型定期保険についても、当該保険加入時に被保険者である従業員に対して退職後も5年間は生活障害保障型定期保険付保規程（以下「本件生活保障型保険規程」という。）にのっとって保険金を支給する旨説明し、当該保険に加入している。

ロ　本件退職者支払保険料は、退職した従業員も一定期間はがん保険等に加入することにより、退職者の退職後の生活の安定を図り、かつ、在職者の長期勤続の奨励、福利厚生面の充実を図るという従業員に対する福利厚生を目的とした支出であり、租税特別措置法関係通達61の4(1)-10《福利厚生費と交際費等との区分》の(2)において、従業員等には従業員であった者を含むと定められていることからしても、法人税法上の福利厚生費の範囲には従業員であった者も含むと解されるから、公正処理基

	準に従って計算されたものというべきである。

国税不服審判所

(イ)　本件各がん保険契約は、上記イのとおり、請求人と本件生命保険会社との間で、請求人の従業員の福利厚生を目的として本件治療費補助等制度に基づく見舞金等又は弔慰金の原資とするために締結したものである。そして、請求人は、本件各事業年度の途中には本件がん規程を改訂し、従業員との間で本件がん規程並びに「入社された方へ」及び「退社された方へ」と題する各書面により、従業員が請求人を退職した後も5年間は、退職者ががんに罹患又はがんにより死亡した場合に、受取保険金を原資として退職者に見舞金等又は弔慰金を支払うことを約したものである。

(ロ)　次に、本件生活保障型保険契約も、上記ロのとおり、請求人と本件生命保険会社との間で、請求人の従業員等の福利厚生を目的として就業規則、賃金規程や本件生活保障型保険規程に基づき所定の金額を支払う原資とするために締結したものである。そして、請求人は従業員等との間で、本件生活保障型保険規程等により、就業後の全従業員等が、負傷又は疾病により死亡あるいは所定の障害状態となり、就業が困難な場合若しくは退職のやむなきに至った場合に、受取保険金を原資として退職者に所定の金額を支払うことを約したものである。

(ハ)　以上のことからすると、本件各がん保険契約及び本件生活保障型保険契約に係る本件退職者支払保険料は、請求人の業務との関連性を有し、業務の遂行上必要と認められることから、本件各事業年度の損金の額に算入することができる。

なお、本件各保険契約は、請求人が保険金受取人及び保険料負担者となっていることから、保険金の支払事由が発生した場合に請求人が受け取る保険金及び保険契約の失効や解約により請求人が受け取る解約返戻金等は、法人税法第22条第2項に規定する「その他の取引で資本等取引以外のものに係る当該事業年度の収益の額」に該当し請求人の所得の金額の計

算上、益金の額に算入すべきものであり、また、当該受取保険金及び受取解約返戻金等に係る支払保険料は、当該収益獲得のために費消された財貨と認められることから、この点からも本件退職者支払保険料は損金の額に算入できるとするのが相当である。

ニ　原処分庁の主張について

　原処分庁は、退職者は、請求人の業務を行うことはなく、退職者に関する費用は、事業活動と直接の関連性を有する業務遂行上必要な費用であるとはいえず、業務との関連性が認められない旨主張する。しかしながら、本件退職者支払保険料について、業務との関連性が認められることは、上記ハのとおりであり、また、<u>退職者を被保険者とした福利厚生目的の保険契約に係る支払保険料を一定の条件の下に法人の所得の金額の計算上、損金の額に算入して差し支えない旨の取扱いが個別通達（昭和49年4月20日直審3-59ほか「団体定期保険の被保険者に退職者を含める場合の保険料の税務上の取扱いについて」及び昭和60年2月28日直審3-30ほか「定年退職者医療保険制度に基づき負担する保険料の課税上の取扱いについて」）</u>で明らかにされていることからしても、従業員が退職したことのみをもって、退職者を被保険者とする保険契約に係る支払保険料が業務との関連性が認められない費用であるとするのは相当ではなく、この点に関する原処分庁の主張には理由がない。

Q 51　養老保険の福利厚生プランの加入が投資目的として否認されるリスク

　全従業員を被保険者、会社を契約者及び生存保険金受取人、被保険者の遺族を死亡保険金受取人とする養老保険の加入を検討しています。福利厚生プランの要件は満たしているので保険料の半額を損金、半額を保険積立金として処理する予定です。

　当社は、これまでに福利厚生に保険料などのコストを負担したことありません。決算対策の一環で決算直前に年払いで養老保険の保険料を支払い、課税所得を圧縮することも目的のひとつです。

202　Ⅵ　生命保険

> 養老保険に加入することが節税対策として否認されるリスクはないのでしょうか？

解説

　経営者を被保険者とする場合には、経営者に万一のことが起きたときに、経営に支障をきたさないように保障を得ることを目的としています。従業員を被保険者とする場合には、福利厚生制度の一環であることが多いです。しかし、いずれの場合でも節税効果を少なからず期待しているケースが多いと思います。ご質問のように、生命保険の加入を決算直前に行うのは、節税効果を期待している表れだと捉えることもできます。節税目的である生命保険の加入が税務調査において否認されるリスクがあるかは、多くの方が関心を寄せるテーマのひとつです。実務的には、ケースバイケースであり、対応が異なりますが、課税の繰延べを意図したことが窺えるものの福利厚生費としての損金性が否定されなかった下記の裁決事例が参考になると思います。

　養老保険の福利厚生プランが税務調査で否認され、国税不服審判所で争われた事案です。税務調査で否認された理由は、大まかに①福利厚生目的に使用される旨を記載した退職給与規程等を何ら定めていないこと、②異常に多額であり、福利厚生費の性質から逸脱していることです。原処分庁は、明らかに課税の繰延べ等の経済的効果を目的としたものであり、福利厚生を目的としたものとは認められないと判断しています。処分としては、保険契約は適正に成立しているので、支払保険料の全額を保険積立金として資産計上すべきとして更正しています。

　国税不服審判所としては、「従業員にとって、保険金額が高額であることによって福利厚生の意味合いが強くなるものであり、かつ、請求人が本件各生命保険契約を締結することにより、万一の場合の保障という形で、従業員に福利厚生の恩恵を供与していることは紛れもない事実である。これらの事実を無視して、請求人が本件各生命保険契約を締結し

たのは福利厚生以外の目的、すなわち、投資のみを目的としたものであると断定することは相当でない。」として、投資目的として課税の繰延べをも意図したことが窺えるものの、従業員に対する福利厚生に資するために加入したものではないと断定するには無理があると判断しています。

社内規程が整備されていなかったことについては、満期保険金の使途によって福利厚生費としての損金性が変わるものではないとの判断を示しています。つまり、満期保険金の使途を定めた社内規程の有無は、養老保険の福利厚生プランの税務上の取扱いには影響を及ぼさないことになります。また、養老保険という生死混合保険は、一種の福利厚生の目的・性格と資産投資の目的・性格との二面性を併せ有していると整理していることから、投資の側面があることが許容されていることも読み取れます。

支払保険料が高額であることについては、保障が増えるので手厚い福利厚生制度になると捉えています。また、税務調査の段階で従業員一人当たりの福利厚生費の額（暦年換算したもので、平成2年は888千円、平成3年は1,657千円、平成4年は2,143千円、平成5年は2,030千円）が異常に多額であって、福利厚生費の性質から逸脱していると判断して更正に至っています。生命保険の商品によっても異なりますが、保険料がいくらまでなら許容範囲なのかは判断がつかないテーマのひとつです。福利厚生プランである養老保険の支払保険料（半損なので損金算入額の2倍）が4,060千円（2,030千円×2）位だと、課税庁サイドから見ると異常に多額であると判断されていますので、保険料を決める際の目安になると思います。

【平成8年7月4日裁決（抜粋）・TAINS コード：F0-2-055】

生死混合保険に係る支払保険料の2分の1相当額を損金の額に算入することはできないとする原処分庁の更正処分の全部が取り消された事例

204　Ⅵ　生命保険

原処分庁	納税者
(A)　本件各生命保険契約は、①保険期間が従業員の職種、年齢及び勤続年数のいかんにかかわらず一律に10年とされ、また、保険金額についても、同様に、原則として、保険会社ごとに一定の金額とされていること、②請求人は、満期保険金について、将来の退職金の原資に充てるなどの福利厚生目的に使用される旨を記載した退職給与規程等を何ら定めていないこと、③請求人は、死亡保険金について、本件郵政省との生命保険契約に関する平成3年5月24日付の「簡易生命保険加入規定」を除き、これを死亡した従業員の退職金の一部に充当できる若しくは割増退職金とするなどの退職給与規程又は金規程等を何ら定めていないことからすれば、本件各生命保険契約の締結は、従業員の福利厚生を目的としたものではなく、課税の繰延べ等の経済的効果を目的としたものと認められる。 (B)　また、請求人が損金の額に算入した福利厚生費の額を従業員数で除して算出した従業員一人当たりの福利厚生費の額（暦年換算した	a　保険期間や保険金額につき従業員に一律であることは、福利厚生として一般的なことであり、むしろ、従業員間に差を設けた場合こそ、合理的な理由のある場合に限り福利厚生費と認められるのであるが、従業員の遺族に死亡保険金が支払われる段に至ってまで、そこに格差を設けるべきとする発想は請求人にはなく、このような場合は一律であるべきである。 　したがって、保険期間、保険金額が一律であることは福利厚生の目的を否定する理由とはならない。 b　原処分庁は、従業員一人当たりの福利厚生費の額が異常に多額である旨主張するが、本件各生命保険契約の締結当時、高額の生死混合保険に団体加入することが、従業員にとって高福祉・高待遇であり、人手不足解消のための雇用対策として有用であること、また、本件各生命保険契約の支払保険料の2分の1相当額は福利厚生費として損金の額に算入することが認められ、かつ、将来の資金造り、満期保険金の多面的活用等の利点のあること等を本件各生命保険会

もので、平成2年は888千円、平成3年は1,657千円、平成4年は2,143千円、平成5年は2,030千円）は、異常に多額であり、福利厚生費の性質から逸脱していると認められる。

(C) 本来、福利厚生の目的をもって生命保険契約を締結するのであれば、その性格上、経営状態及び景気動向に左右されない長期間の保障が望まれるところ、請求人は、本件各生命保険契約を締結することにより、結果的に福利厚生目的が達せられることを奇貨として、その支払保険料の2分の1相当額を損金の額に算入したにすぎず、本件各生命保険契約の締結は、明らかに課税の繰延べ等の経済的効果を目的としたものであって、福利厚生を目的としたものとは認められない。

(D) そうすると、本件各生命保険契約は、①被保険者たる従業員の同意を得ないまま、請求人において一方的に締結したものであること、②短期間の解約を前提として締結されたものであること、③福利厚生の目的をもって締結したとは認められないことからすれば、その支払保険料の全額が、請求人

社の職員から教示されたことから、請求人の経営業績等も考慮した結果、本件各生命保険契約を締結したものである。一般的に、保険金額が高額になれば、支払保険料もそれに応じて多額になるが、たとえ、それが多額になっても死亡保険金に係る部分の支払保険料が損金性を失うことはないのであり、かつ、本件各生命保険契約は、請求人にとって雇用対策上有用であり、資金運用面でも経済的合理性があるのである。

c 満期保険金については、受取時に受取保険金と資産に計上された保険積立金との差額が課税対象となり、その使途は事業投資資金などとしても有効に活用できるものである。あらかじめ福利厚生目的のみに限定されるべきものではない。

d 死亡保険金が従業員の遺族に支払われるものであることは、本件各生命保険契約上明確であり、あえて、死亡退職金規程ないし弔慰金規程がなければ一種の福利厚生の性格をもち得ないものではない。

g そもそも企業が適法な経済活動・行為を行い節税を図ることは、課税上においても特段の弊害があるとして法で規制されていな

の投資目的の資産たる保険積立金として計上されるべきものであると認められる。	い限り自由であり、課税上も否認されるべきものではない。節税（利益の繰延べ）を図ることと、本件各生命保険契約の支払保険料が危険保険料の性質を有し、一種の福利厚生としての機能・側面を有することとは相反するものではない。

国税不服審判所

(ハ) 福利厚生費としての損金性

　請求人は福利厚生以外の目的を主目的として本件各生命保険契約を締結したのではないかとの疑いを差し挟む余地はある。しかしながら、本件各生命保険契約は、養老保険という生死混合保険であることから、一種の福利厚生の目的・性格と資産投資の目的・性格との二面性を併せ有しており、このことは、従業員の職種、年齢及び勤続年数のいかんにかかわらず保険金額及び保険期間が一律であること、あるいは満期保険金の使途によって左右されるものではない。

　また、本件各生命保険契約への一括加入後に入社した従業員についても、各保険への追加加入手続がとられており、さらに、従業員にとって、保険金額が高額であることによって福利厚生の意味合いが強くなるものであり、かつ、請求人が本件各生命保険契約を締結することにより、万一の場合の保障という形で、従業員に福利厚生の恩恵を供与していることは紛れもない事実である。これらの事実を無視して、請求人が本件各生命保険契約を締結したのは福利厚生以外の目的、すなわち、投資のみを目的としたものであると断定することは相当でない。

(ヘ) 以上のことから総合して判断すると、本件各生命保険契約への加入は、投資目的として課税の繰延べをも意図したことが窺えるものの、従業員に対する福利厚生に資するために加入したものではないと断定するには無理があり、原処分庁の①保険に加入することについて被保険者たる従業員の同意を得ないまま、請求人において一方的に締結されたもの

6. 個別事例の検討　207

である、②保険期間の満了を待たず、保険加入後、短期間のうちに解約することを前提として締結されたものである、③福利厚生目的で加入したものではないとの主張にはいまだ十分な合理的理由が認められない。

また、本件各生命保険契約は請求人と本件各生命保険会社との間で有効に成立している養老保険であり、かつ、その効力発生に何らの問題がないことからすると、危険保険料部分として支払保険料の2分の1に相当する額を損金の額に算入することは相当であり、支払保険料の全額を請求人の投資目的の資産たる保険積立金に計上すべきであるとの原処分庁の主張は採用できない。

Q 52 個人事業主が養老保険の福利厚生プランを導入する際の注意点

個人事業主である私が契約者及び生存保険金受取人、被保険者は私と従業員、被保険者の遺族を死亡保険金受取人とする養老保険の加入を検討しています。福利厚生プランの要件は満たしているので保険料の半額を必要経費、半額を保険積立金として処理する予定です。

個人事業主が契約者であっても法人契約と同様の取扱いになると認識していますが間違いありませんか？

解説

法人が契約者であって、死亡保険金の受取人が被保険者の遺族で、生存保険金の受取人が当該法人である場合には、支払保険料の50％相当額を資産計上して、残額を期間の経過に応じて損金の額に算入することになります。この取扱いは、法人税基本通達9-3-4(3)に定められており、通達の要件を満たすような加入方法を福利厚生プランと称しています。

ご質問のように、個人事業主が養老保険の契約者になって福利厚生プランに合うような契約を締結すれば、契約者が法人である場合と同じような取扱いになると言われていますが、所得税基本通達では何ら定めら

れていません。法人税法上の取扱いを所得税法において準用すると解されているだけとなります。養老保険の法人税基本通達 9-3-4 の他に、改正前の保険商品ごとの個別通達なども、実務的には法人税法上の規定を個人事業主に準用していました。

しかし、所得税法には法人税法にはない家事関連費という概念があることから取扱いが大きく異なることになります。実際に、平成 27 年 7 月 29 日判決（TAINS コード：Z265-12705）では、「法人の従業員に対する取扱いである法人税基本通達 9-3-4 等は、必要経費に該当するものについては適用できるものの、その判断の前に従業員の福利厚生目的であること、すなわち必要経費への該当性（家事費及び家事関連費への非該当性）を判断しなければならない。」と判断しています。さらに、従業員の福利厚生目的で加入した養老保険について、「仮に、養老保険契約に係る保険料のうち、従業員の福利厚生に資する一部について福利厚生目的が否定できないとした場合であっても、養老保険契約は、各事実を前提とすると、実質的に自己資金を留保し、保険料を必要経費に算入しつつ、多額の解約返戻金等を見込んで締結されたものということができるのであって、必要経費の要素とそれ以外の経費（家事費）の要素が混在しているというべきであり、家事関連費に当たるということができる。そして、家事関連費となる養老保険契約の保険料のうち、福利厚生目的である部分を明らかに区分することは不可能である。」として、必要経費該当性を否認しています。

個人事業主が養老保険の福利厚生プランを導入する場合には、法人で導入するときよりも、厳密に福利厚生制度であることの立証が求められるので運用上の注意が必要です。

また、個人事業主を被保険者とした場合には、普遍的加入などの福利厚生プランの要件を満たしていても、必要経費として処理することはできず、個人事業主の生命保険料控除として取り扱うことになります。

一方で、所得税独自の規定として青色専従者という制度があります。

この青色専従者を被保険者とすることも法人税法上では想定されないことから、法人税基本通達9-3-4では取扱いが明らかにされていません。しかし、実務的には青色専従者と他の従業員を区別する必要はないと解されています。なお、使用人の大部分が家族従業者等で占められている場合には、当該家族従業者等に関する保険料は必要経費にはならないと考えられます。

Q 53 死亡保険金と解約返戻金の収益認識時期

当社（年1回3月決算）は、被保険者：役員、受取人：法人とする逓増定期保険に通達改正の直前に加入していました。解約返戻率がピークになったので解約を申し込みましたが、実際の入金は翌期の4月になってしまいました。解約返戻金に係る収益はいつの時点で認識すべきでしょうか？

また、死亡保険金に係る収益の認識も保険事故発生日と入金日は一致しないと思いますが、どのような基準で処理するのでしょうか？

解説

法人税法上、収益の認識基準は権利確定主義を採用しているとされています。したがって、ご質問のように解約返戻金又は死亡保険金に係る収益についても、権利が確定した時点、言い換えると、収益が実現した時点で収益に計上し、益金として認識することになります。

解約返戻金や死亡保険金の請求は、いくつかの段階を経て実際の入金に至ることから、いつの段階で収益が実現したかを検討する必要があります。①請求事由の発生、②請求手続き完了、③受領金額の確定、④実際の入金、という流れが一般的だと思います。

解約返戻金を整理すると、①の社内で解約を意思決定した時では、撤回も可能であって、手続きが遅れると解約返戻金が変動することから、不確定要素が多いことから収益を認識するには時期尚早であることは明らかです。②の保険会社に通知（請求）した日では、対外的な解約日も

確定しており、解約返戻金の具体的な金額も契約内容から確定すると考えることができます。③の支払通知を受けた時点は、保険会社からの意思表示であることから、権利確定という観点からは申し分のない収益計上時期となります。④の入金日は、③の支払通知がなかった場合に検討すべきと考えられます。

　死亡保険金については、①については保険金支払の1つの要件を満たしたにすぎず、②についても支払われるかどうかは保険会社の調査等の後に決定されるところから、まだ実際に受け取るべき保険金額が確定したとは言えないと考えられます。したがって、③の支払通知があった時点において収益に計上することが相当と思われます。④の入金日は、解約返戻金と同様に③の支払通知がなかった場合に検討すべきでしょう。

　法人税法上の規定で、保険金等の収益認識時期を定めたものは存しませんが、所得税基本通達36-13《一時所得の総収入金額の収入すべき時期》で定められており、法人税法上も無視はできないと考えられます。同通達では、一時所得については原則的には入金日で収入を認識して、事前通知がある場合には通知があった日に収入を認識すると定められています。但し書きにおいて、保険契約については「その支払を受けるべき事実が生じた日」に収入を認識すると定められています。「その支払を受けるべき事実が生じた日」は、解約返戻金であれば②の保険会社に通知（請求）した日であって、死亡保険金であれば①の保険事故が発生した時と整理することができます。解約返戻金については、解約を申し込むと約定通りに解約返戻金が支払われますが、死亡保険金は保険事故があったとしても、保険金の支給が行われるまでは、保険会社の調査等を経なければならないので、収益の実現を認識する段階にはないと整理されています。

　したがって、解約返戻金については、保険会社において調査等を要しないことからも②の保険会社に通知（請求）した日に収益を認識すべきと考えられますが、死亡保険金については保険会社の調査等を経なけれ

ばならないので、③の支払通知を受けた日に収益を認識すべきでしょう。

　なお、保険事故があっただけでは保険金は支給されないことを前提に収益の計上時期について争った下記の裁決事例では、保険金が支払われることが明らかである場合には、保険事故があった事業年度に収益を認識すべき判断をしています。したがって、保険契約と保険事故の内容によっては、保険事故の発生時点で収益を認識する必要があることもあり得ますので、慎重な判断が求められます。

【保険金の請求の流れ】

	解約返戻金	死亡保険金
①請求事由の発生時	社内で解約を意思決定した時	死亡した時（保険事故が発生した時、又はその事実を知った日）
②請求手続き完了時	保険会社に通知(請求)した日	保険会社に通知(請求)した日
③受領金額の確定時	保険会社から保険金の支払通知を受けた日	保険会社から保険金の支払通知を受けた日
④実際の入金時	保険会社から保険金の支払通知を受けた日	保険会社から保険金の支払通知を受けた日

＜所得税基本通達 36-13　一時所得の総収入金額の収入すべき時期＞

　一時所得の総収入金額の収入すべき時期は、④その支払を受けた日によるものとする。ただし、その支払を受けるべき金額がその日前に支払者から通知されているものについては、③当該通知を受けた日により、令第183条第2項《生命保険契約等に基づく一時金に係る一時所得の金額の計算》に規定する生命保険契約等に基づく一時金又は令第184条第4項《損害保険契約等に基づく満期返戻金等》に規定する損害保険契約等に基づく満期返戻金等のようなものについては、その支払を受けるべき①事実が生じた日による。

212　Ⅵ　生命保険

【平成 15 年 2 月 6 日裁決（抜粋）・TAINS コード：J65-3-26】

> 付保されている車両の盗難に係る損失は、その保険金が確定するまでの間、仮勘定（未決算勘定）として処理すべきであるとした事例【裁決事例集第 65 集 366 頁】

> 請求人は、本件保険契約の保険約款には保険会社の免責事項があり、無条件に保険金が保険会社から支払われるものでないから、本件盗難損失に係る保険金収入の計上時期は、「保険金のお支払のご案内」の日付である平成 13 年 8 月 31 日の属する平成 14 年 7 月期である旨主張する。しかしながら、重過失に基因する車両盗難は、当該保険約款の免責事項に該当せず、たとえ、請求人に重過失があったとしても、保険金が支払われることが明らかであるから、本件盗難損失に係る保険金収入を本件事業年度の益金の額に算入すべきである。

Q 54　死亡保険金を財源に役員退職金を支給した場合の課税関係

当社（年 1 回 3 月決算）は、被保険者：役員、受取人：法人とする定期保険に加入していました。被保険者である役員が亡くなったことで死亡保険金の支給を受けたので、役員退職金規程に基づいて死亡退職金を支給する予定です。なお、その役員は株主であったことから相続税の申告に当たって株価計算が必要になります。

当社としては、どのようなことに注意すべきでしょうか？

解説

役員等の不慮の事故に伴う経営上の危機回避や退職金等の原資とするために生命保険に加入している例が少なくありません。

ご質問のように、死亡保険金を財源に役員退職金を支給した場合には、法人税法上の課税所得の計算においては、死亡保険金の受領と役員退職金の支給は分けて整理することになります。一方で、株価計算においては、死亡保険金の受領と役員退職金の支給は分けないで一体の取引

として整理することが求められます。それぞれの場合における留意事項は次のとおりです。

　まず、法人税法上の課税所得の計算ですが、役員等を被保険者とし、法人を保険金受取人とする定期保険に加入したことにより法人の支出する保険料は、原則としてその支払時において給与以外の期間費用となり、損金の額に算入されます。保険事故が生じた場合には、保険金受取人である法人に死亡保険金が支払われて、益金の額に算入しますが、法人がその保険金を何に使用するかは法人の自由となります。また、死亡した役員等の退職金の財源を何に求めるかは、その法人自身が決定することになります。収受した保険金の収益計上時期と役員退職金・弔慰金の損金算入時期も別々に決定することになります。さらに、益金算入される死亡保険金の金額と損金算入が認められる役員退職金及び弔慰金の額は何ら関係ないことになります。役員退職金は、平均功績倍率法や1年当たり平均額法で適正な役員退職金の額を算定して、弔慰金の額については、相続税法基本通達3-20ベースで福利厚生費としての適正額を計算することになるので、死亡保険金がいくらであったかは全く影響しないことになります。

　次に、株価計算においては、死亡保険金と役員退職金は一体の取引として切り離せない関係となります。財産評価通達ベースの原則的な株価計算においては、純資産額方式と類似業種比準価額方式のいずれか、又は併用した方法に計算することになります。

　純資産価額方式では、役員の死亡時点には役員退職金の支払いは確定していないので、理論的には、役員退職金に係る債務には計上しないことになります。しかし、死亡退職金はみなし相続財産として相続税の課税対象となることから、二重課税を回避する観点から純資産価額の計算上は負債計上が認められています。一方で、生命保険契約に係る死亡保険金を生命保険金請求額として資産に計上することになります。この場合には、支払退職金の額を負債に計上するとともに、生命保険金の額か

ら支払退職金を控除した後の保険差益について課されることとなる法人税額等についても負債に計上します。なお、被相続人の死亡に伴い評価会社が相続人に対して支払った弔慰金等については、退職手当金等に該当するものとして相続税の課税価格に算入される金額に限り、株式の評価上、負債に該当するものとして純資産価額の計算上控除します。したがって、福利厚生として退職手当金等とみなされない弔慰金等については、純資産価額の計算上、負債に該当しません。

　類似業種比準価額の計算においては、非経常的な利益を控除することになりますが、死亡保険金の受領と役員退職金の支払いがあった場合に、どのように非経常的な利益を計算するかが問題になります。類似業種比準方式により株式を評価するに当たり、種類の異なる非経常的な損益がある場合には、種類の異なる非経常的な損益がある場合であっても、これらを通算した上で非経常時な利益を認識することになります。「1株当たりの利益金額」を算定する際に除外する非経常的な利益とは、課税時期の直前期末以前1年間における利益のうちの非経常的な利益の総体をいいます。したがって、死亡保険金の受領と役員退職金の支払いのように種類の異なる非経常的な損益がある場合であっても、これらを通算し、利益の金額があればこれを除外します。

<著者紹介>

税理士　山下　雄次

　税理士法人右山事務所を経て、平成18年 山下雄次税理士事務所開業。
東京税理士会において会員電話相談室を担当。

〔主な著書〕
実務家のための減価償却資産等の留意点（税務研究会）
税理士のための申告に役立つ「税額控除制度」詳解（共著）（税務研究
会）
実務に役立つ会社税務の重要ポイントQ&A（共著）（税務研究会）
Q&Aでわかる同族会社の税務（共著）（税務研究会）
法人税関係 納税者有利通達の適用判断（共著）（清文社）
司法書士・行政書士に読んでほしい 相続・贈与時の税務の話（共著）
（日本法令）
司法書士&行政書士に読んでほしい 会社設立時の税務の話（共著）（日
本法令）
週刊「税務通信」に「タックスフントウ」連載中

〔連絡先〕
〒162-0814　東京都新宿区新小川町1-17 三輪田ビル2階
TEL　03-3267-1402
URL　http://www.tax-yamashita.com/
E-mail　yuji@tax-yamashita.com

本書に関する各種セミナーの講師のご依頼をお受けします。
ご希望の方は、山下雄次税理士事務所までお問い合わせください。

本書の内容に関するご質問は、ファクシミリ・メール等、文書で編集部宛に
お願いいたします。
　FAX：03-6777-3483
　E-mail：books@zeiken.co.jp
　なお、個別のご相談は受け付けておりません。

　本書刊行後に追加・修正事項がある場合は、随時、当社のホームページ
（https://www.zeiken.co.jp）にてお知らせいたします。

オーナー会社のための
役員給与・役員退職金と保険税務

令和3年12月10日　改訂版第1刷印刷　　　　　　　　　　　　（著者承認検印省略）
令和3年12月20日　改訂版第1刷発行

　　　　　　　　　Ⓒ著　　者　　山　下　雄　次
　　　　　　　　　　発行所　　税務研究会出版局
　　　　　　　　　　　　　　　週刊「税務通信」発行所
　　　　　　　　　　　　　　　　　「経営財務」
　　　　　　　　　　代表者　　山　根　　　　毅

　　　　　　　　　　　郵便番号100-0005
　　　　　　　　　　　東京都千代田区丸の内1-8-2
　　　　　　　　　　　鉄鋼ビルディング

　　　　　　　　　　　　当社HP → https://www.zeiken.co.jp

乱丁・落丁の場合はお取替えします。　　　　　　　　印刷・製本　㈱光邦

ISBN978-4-7931-2666-6